यूरोप में दर्शनशास्त्र

मार्क्स के बाद

दर्शनशास्त्र : पूर्व और पश्चिम ग्रंथमाला–6

संपादक : देवीप्रसाद चट्टोपाध्याय

यूरोप में दर्शनशास्त्र

मार्क्स के बाद

लेखक

शंकरीप्रसाद वंद्योपाध्याय

अनुवाद

सुशीला डोभाल

राजकमल पेपरबैक्स

पहला पुस्तकालय संस्करण
राजकमल प्रकाशन प्राइवेट लिमिटेड द्वारा
1992 में प्रकाशित

राजकमल पेपरबैक्स में
पहला संस्करण : 2022
दूसरा संस्करण : 2024

राजकमल पेपरबैक्स : उत्कृष्ट साहित्य के जनसुलभ संस्करण

राजकमल प्रकाशन प्रा.लि.
1-बी, नेताजी सुभाष मार्ग, दरियागंज
नई दिल्ली-110 002
द्वारा प्रकाशित

शाखाएँ : अशोक राजपथ, साइंस कॉलेज के सामने, पटना-800 006
पहली मंजिल, दरबारी बिल्डिंग, महात्मा गांधी मार्ग, प्रयागराज-211 001
1, अनमोल सोराबजी संतुक लेन, धोबी तलाव, मरीन लाइंस, मुम्बई-400 002

वेबसाइट : www.rajkamalprakashan.com
ई-मेल : info@rajkamalprakashan.com

बी.के. ऑफसेट
नवीन शाहदरा, दिल्ली-110 032
द्वारा मुद्रित

मूल्य : ₹250

EUROPE MEIN DARSHANSHASTRA : MARX KE BAAD
by S.P. Banerjee

ISBN : 978-93-94902-97-8

संपादक की प्रस्तावना

यह बड़े दुख की बात है कि आज जब दर्शन की सबसे अधिक आवश्यकता है तब उसके प्रति व्यापक उपेक्षा देखने को मिलती है। देश का नैतिक और बौद्धिक वातावरण बुरी तरह विषाक्त हो चुका है जिसके कारण बढ़ती हुई असहिष्णुता और हत्याओं के दर्शन हो रहे हैं और इनके पीछे वे विचार कार्यरत हैं जो बुद्धि और मानवता दोनों की कसौटी पर खरे नहीं उतरते हैं। यह बात कहने की नहीं है कि विचारशीलता की जगह पाशविकता, प्रेम की जगह उत्पीड़न, और शुभता की जगह लोभ ने ले ली है। कोई यह दावा नहीं करता कि दर्शन अकेले इन तमाम बुराइयों का हल हो सकता है। मगर हमारा यह दावा अवश्य है कि दर्शन के बिना न तो इनका उन्मूलन हो सकता है और न ही विचारशीलता की पुनर्स्थापना हो सकती है। लगभग ढाई हजार वर्षों से अधिक समय तक कुछ योग्यतम और श्रेष्ठतम मनुष्यों ने दर्शन की समस्याओं में अपना सर खपाया है। उनके जो भी विचार और उपदेश रहे हों, आवश्यक नहीं कि वे सब के सब आज की आवश्यकताओं के लिए प्रासंगिक हों, फिर भी जो कुछ अन्य लोगों ने कहा है वह अधिकाधिक बिगड़ती जा रही वर्तमान स्थिति से निबटने के लिए विचारों के एक महान भंडार का काम अवश्य दे सकता है। साथ ही यह भी आवश्यक है कि उनके विचारों को अभिजात वर्गों के एक छोटे-से दायरे तक सीमित न रहने दिया जाए। आज जो विषाक्त वातावरण हमारे चारों ओर है, उसकी जगह एक नए प्रकार के बौद्धिक वातावरण के निर्माण के लिए आवश्यक है कि इन विचारों को जनता तक ले जाया जाए और ये जनता के लिए प्रेरणा के स्रोत बनें। लोकप्रिय विश्व-दर्शन शृंखला के रूप में एक लघु पुस्तकालय तैयार करने के इस प्रयास के मूल में यही विचार है।

देवीप्रसाद चट्टोपाध्याय
3, शंभुनाथ पंडित स्ट्रीट, कलकत्ता
पिन : 700020

1 मई, 1990

आमुख

पूर्व और पश्चिम के दर्शनशास्त्र के इतिहास का अध्ययन सभी कालों और समाजों के अधिकांश बुद्धिजीवियों के लिए आकर्षण का विषय रहा है। कम ही लोग ऐसे होंगे जिन्होंने विल ड्यूरांट की रचना *द स्टोरी आफ फिलासफी* न पढ़ी हो। वर्तमान शृंखला दर्शनशास्त्र में रुचि रखनेवाले आम पाठक के सामने विचारों के उन साहसिक अभियानों की कथा कहने का प्रयास है जो मानव मनीषियों ने विभिन्न कालों एवं स्थानों में किए हैं। इसके लिए दर्शनशास्त्र में विशेष योग्यता रखना या प्रचलित दार्शनिक शब्द-जाल का ज्ञान अपेक्षित नहीं है।

इस पुस्तिका में यूरोपीय दर्शनशास्त्र के इतिहास के उस कालखंड को लिया गया है जो महान विचारकों—हेगेल और मार्क्स के बाद का काल है। यह विवेचन एक प्रकार से व्यवहार-केंद्रिक न होकर विचार-केंद्रिक है। इस विवेचन में लगभग पूरा ध्यान इस बात पर केंद्रित रखा गया है कि हेगेल के दर्शनशास्त्र की क्या प्रतिक्रियाएं हुई हैं और हेगेल के दर्शनशास्त्र के सैद्धांतिक आयाम के क्या-क्या विकास हुए हैं। मार्क्स ने जिस प्रकार हेगेलीय दर्शनशास्त्र को विकसित किया वह मात्र 'विकास' नहीं था अपितु पूर्ण क्रांति अथवा इस दर्शनशास्त्र का कायांतरण था जिसने इसे नितांत नए आयामों में विकसित किया। हेगेलीय दर्शनशास्त्र के विकास का यह चरण अपने-आपमें बहुत दिलचस्प है और इसके महत्व एवं अपूर्वता को ध्यान में रखते हुए मुख्य संपादक ने उचित समझा कि मार्क्सोत्तर दर्शनशास्त्र पर अलग से एक पुस्तिका लिखी जाए। अतः इस पुस्तिका के शीर्षक के औचित्य का आधार दार्शनिक उतना नहीं है जितना कि कालानुक्रमिक। प्रस्तुत पुस्तिका जैसी छोटी-सी रचना में मार्क्सोत्तर चिंतन के विकास का समावेश करना संभव नहीं था। ऐसा करने से चिंतन और व्यवहार का सम्मिश्रण हो जाता जो दर्शनशास्त्र के क्षेत्र में नवीन प्रयासों के युग के महत्व को प्रभावित कर सकता था। हेगेल के पश्चात् यूरोपीय दर्शनशास्त्र का विकास विभिन्न दिशाओं में हुआ। ये सभी हेगेलीय दर्शनशास्त्र की प्रतिक्रियाएं अथवा उसका विस्तार नहीं थे। परम प्रत्ययवाद—जो कि इस पुस्तिका के प्रथम अध्याय का विषय है—निश्चित

रूप से हेगेलीय दर्शनशास्त्र का ही विस्तार है। इससे संबद्ध विचारकों को दक्षिणपंथी हेगेलवादी और मध्यममार्गी हेगेलीय कहा जाता है जो हेगेलवादी दर्शनशास्त्र के मार्क्सवादी विकास के विचारकों—जिन्हें कि वामपंथी हेगेलवादी कहा जाता है—से भिन्न है। इसमें मूल दार्शनिक सिद्धांतों को संक्षेप में प्रस्तुत किया गया है और ऐसा करते समय इस बात का ध्यान रखा गया है कि दार्शनिक महत्व की कोई बात छूट न जाए। दूसरे अध्याय में हेगेलीय दर्शनशास्त्र पर यथार्थवादी प्रतिक्रिया का विवेचन किया गया है। यह प्रतिक्रिया पहले रसल और मूर में दिखाई देती है। ये दोनों ही विचारक आरंभ में हेगेल से प्रभावित रहे, किंतु शीघ्र ही इस किशोर प्रेम से मुक्त हो गए। यथार्थवाद की अन्य सभी विधाओं का विवेचन एवं उनका दार्शनिक मूल्यांकन किया गया है और यह भी बताया गया है कि तर्कबुद्धि के इस संसार में 'सामान्यबोध की धारणा' को बनाए रखना कितना कठिन है। तीसरे अध्याय में क्रोचे और जांतील के दर्शनशास्त्र के माध्यम से इतालवी प्रत्ययवाद का विवेचन किया गया है। इतालवी प्रत्ययवाद हेगेलीय दर्शनशास्त्र का ही विकास है। इन दोनों विचारकों ने हेगेल के दर्शनशास्त्र को एक अलग ही ढंग से प्रस्तुत किया है, जिसमें इतालवी छाप है। इन दोनों विचारकों ने हेगेलवाद को स्वतंत्र एवं मौलिक रूप से विकसित किया। जिस एक बात पर दोनों सहमत हैं वह है दोनों का बौद्धिकता-विरोधी होना। व्यावहारिकतावाद दार्शनिक वाग्जाल और दर्शनशास्त्र की व्यवहार और व्यावहारिक जगत से दूरी के विरुद्ध आम आदमी की प्रतिक्रिया है। बर्गसाँ इस अर्थ में बौद्धिकता-विरोधी हैं कि वे गतिशीलता अथवा स्वयं-परिवर्तन को ही सत् की प्रकृति मानते हैं और इस गतिशीलता अथवा परिवर्तन को बुद्धि के माध्यम से ग्रहण नहीं किया जा सकता क्योंकि बुद्धि विश्लेषण करती है और गतिशीलता को समाप्त कर देती है। अध्याय छः में दर्शनशास्त्र की प्रासंगिकता एवं प्रकार्य के संबंध में लेखक ने अपना विचार प्रस्तुत किया है और इसी विचार के आलोक में विवेचित दार्शनिक पद्धतियों का मूल्यांकन किया गया है। लेखक की धारणा गलत, एकपक्षीय अथवा अपर्याप्त हो सकती है, फिर भी उसका विचार है कि प्रत्येक बौद्धिक गतिविधि का—और दर्शनशास्त्र जैसी मूल गतिविधि का तो और भी अधिक—इतिहास के संदर्भ में समाज में मानव के यथार्थ अस्तित्व से कुछ तो सरोकार होना चाहिए। पाठकों की जिज्ञासा को शांत करने के लिए विवेचित विचारकों की जीवनी संबंधी संक्षिप्त जानकारी भी दी गई है। इससे पाठक उन्हें केवल विचारकों के रूप में ही नहीं अपितु समाज-विशेष के मानवों के रूप में भी जान सकेंगे।

जहां तक संभव हुआ है, इस परिचयात्मक पुस्तिका को तैयार करने में

विचारकों की मूल रचनाओं का अवलोकन किया गया है। यदि यह ग्रंथ अभीप्सित पाठकों को आकर्षित कर सका तो लेखक अपने श्रम को सार्थक समझेगा। इस शृंखला के मुख्य संपादक डा. देवीप्रसाद चट्टोपाध्याय के प्रति मैं हार्दिक आभार व्यक्त करता हूं और उनका धन्यवाद करता हूं कि उन्होंने मुझे इस ग्रंथमाला में अपना विनीत योगदान करने के लिए आमंत्रित किया। इस पुस्तिका की पांडुलिपि तैयार करने में मेरी पत्नी डा. गीतश्री बैनर्जी और मेरी पुत्रियों परमिता और इशिता का बहुत प्रोत्साहन रहा जिसके लिए मात्र औपचारिक धन्यवाद पर्याप्त न होगा। मेरे मित्र श्री जे. आर. दास ने पांडुलिपि की फोटोप्रतियां करवाने का प्रबंध किया और सदैव मुझे प्रोत्साहित किया। इस सहायता के लिए मैं उनका आभारी हूं। कलकत्ता विश्वविद्यालय के श्री नारायण पाल ने संपूर्ण पांडुलिपि को टाइप करने में बहुत सहायता की। मैं उन्हें अपनी शुभकामनाएं देता हूं।

शंकरीप्रसाद बंद्योपाध्याय

दर्शनशास्त्र विभाग,
कलकत्ता विश्वविद्यालय
9 अगस्त, 1989

विषय-सूची

अध्याय 1

परम विचारवाद

1

अंग्रेजी शब्द आइडियलिज्म का प्रयोग विभिन्न संदर्भों एवं विभिन्न अर्थों में किया जाता रहा है। इन प्रयोगों ने अस्पष्टता को जन्म दिया है। इसका कारण यह है कि इसमें 'आइडियल' अर्थात् आदर्श एवं 'आइडिया' अर्थात् 'प्रत्यय' (विचार), दोनों ही शब्दों की ध्वनि है। किंतु दार्शनिक चर्चा में इस शब्द के कुछ निहितार्थ हैं। दर्शनशास्त्र में यह शब्द प्रत्यक्ष अथवा परोक्ष रूप से 'प्रत्यय', 'विचार', 'विषय', 'चेतना' और इसी प्रकार के अन्य शब्दों से जुड़ा हुआ है। 'विचारवाद' स्पष्टतः 'यथार्थवाद', 'भौतिकवाद' (एवं प्रकृतिवाद) का विपरीतार्थक है।

दर्शनशास्त्र में प्रायः दो प्रकार के विचारवाद की चर्चा की जाती है—आत्मनिष्ठ विचारवाद तथा वस्तुनिष्ठ अथवा परम विचारवाद। आत्मनिष्ठ विचारवाद मूलतः ज्ञानमीमांसी है अर्थात् इसमें यह माना जाता है कि ज्ञेय न केवल अपने प्रकाशन के लिए अपितु अपनी सत्ता के लिए भी ज्ञाता पर आश्रित रहता है। बर्कले इस प्रकार के विचारवाद के अतिवादी उदाहरण हैं। उनके अनुसार ज्ञेय ज्ञाता का ही प्रत्यय है। उसकी सत्ता ही इस बात पर आश्रित है कि उसका प्रत्यक्ष किया जाए। आत्मनिष्ठ विचारवाद परम सत्ता की समस्या से प्रत्यक्ष रूप से जुड़ा हुआ नहीं है, फिर भी तत्वमीमांसा के लिए आत्मनिष्ठ विचारवाद को अनिवार्यतः वस्तुनिष्ठ अथवा परम विचारवाद का आश्रय लेना पड़ता है। इसके विपरीत वस्तुनिष्ठ अथवा परम विचारवाद तत्वमीमांसा के लिए आवश्यक नहीं कि आत्मनिष्ठ विचारवाद का आश्रय ले।

परम विचारवाद का संबंध प्रायः जर्मन दार्शनशास्त्री हेगेल के दर्शनशास्त्र से जोड़ा जाता है। मार्क्स एवं किर्केगार्द के दर्शनशास्त्रों में हेगेल के दर्शनशास्त्र की विभिन्न प्रतिक्रियाएं एवं प्रभाव देखने को मिलते हैं। साथ ही, हेगेल के दर्शनशास्त्र ने संवृत्तिशास्त्र एवं अस्तित्ववादी विचारधाराओं के विकास को भी विभिन्न रूपों में प्रभावित किया है।

यह तो हुई यूरोपीय महाद्वीपीय भूमि की दार्शनिक विचारधाराओं पर हेगेल के प्रभाव

की बात। जहां तक अंग्रेजी दर्शनशास्त्र पर हेगेल के प्रभाव का प्रश्न है, उन्नीसवीं सदी के छठे दशक से इंग्लैंड के चिंतन पर हेगेल का विचारवाद छाने लगा था। यह एक विरोधाभास प्रतीत होता है कि जब स्वयं हेगेल के देश में उनका दर्शनशास्त्र प्रभावहीन होता जा रहा था, तब इंग्लैंड में हेगेलीय दर्शनशास्त्र के प्रति उत्साह बढ़ता जा रहा था। वैसे, सत्य यह है कि अंग्रेज दार्शनशास्त्री हेगेलीय दर्शनशास्त्र के सभी पहलुओं के अंधभक्त नहीं थे।

सामान्यतः परम विचारवाद का तात्पर्य चिंतन की ऐसी प्रणाली से है जो एक परम सत्ता में विश्वास रखती हो। इस परम सत्ता की प्रकृति वही होती है जो आत्मा, प्रत्यय, चेतना, विचार, ज्ञान की होती है। ब्रह्मांड की विविधता उस अनंत समग्रता में निहित है जिसमें वाद और प्रतिवाद संवाद में परिणत होते रहते हैं और यह द्वंद्वात्मक प्रक्रिया अविराम चलती रहती है। परम सत्ता एक सुगठित समग्रता है जो अपने समस्त अंगों के योग से बड़ी होती है। इसके अंग होने में ही अंगों का महत्व है। अलग-अलग अपने-आपमें इन अंगों का महत्व नहीं होता। शरीर से अलग अंगों का स्वतंत्र अस्तित्व कल्पना मात्र है। प्रत्येक वस्तु आंतरिक रूप से शेष सभी वस्तुओं से जुड़ी होती है और उसका महत्व इसी कारण है कि वह बृहत् प्रणाली का एक अंग है। इस प्रणाली की प्रकृति वही होती है जो विचार या ज्ञान की होती है अर्थात् इसकी प्रकृति आध्यात्मिक होती है।

2

इस बात पर आश्चर्य होना स्वाभाविक है कि विचारवाद का ऐसा समग्र रूप इंग्लैंड के सुदृढ़, पारंपरिक विश्लेषणात्मक एवं अनुभवात्मक दर्शनशास्त्र को इतनी गहराई तक कैसे प्रभावित कर सका। इस संबंध में हम आगे चलकर अपने विचार प्रस्तुत करेंगे। यहां इस बात पर विचार करना समीचीन होगा कि इंग्लैंड में किस प्रकार परम विचारवाद का विकास हुआ और इसके विकास में किन महत्वपूर्ण विचारकों का हाथ रहा।

ब्रिटिश जनसामान्य को हेगेल के दर्शनशास्त्र की विस्तृत जानकारी देनेवाली जो प्रथम पुस्तक प्रकाशित हुई वह थी जेम्स हचिंसन स्टर्लिंग की *दि सीक्रेट आफ हेगेल*।[1] तथापि हेगेलवादी दर्शनशास्त्र से इंग्लैंड का परिचय करवानेवाले प्रथम महत्वपूर्ण दार्शनशास्त्री टी.एच. ग्रीन थे, यद्यपि हेगेल के विचारवादी दर्शनशास्त्र में स्वयं ग्रीन की विशेष आस्था नहीं थी। ग्रीन को हम कांट से प्रभावित हेगेलवादी कह सकते हैं। वे अनुभववाद और संवेदनवाद के उस ब्रिटिश सिद्धांत की आलोचना करते थे जो संवेदनाओं को पारमाणविक मानता था। उनके अनुसार यथार्थ में आरंभ से ही ऐसे अनिवार्य संबंध निहित होते हैं जो स्वयं मन की उपज होते हैं। बाद के दर्शनशास्त्री बोसांके की भांति ग्रीन भी राज्य के बारे में हेगेल के राजनीतिक सिद्धांत को मानते थे।

अंग्रेज परम विचारवादियों में सबसे बड़ा नाम निस्संदेह फ्रांसिस हरबर्ट ब्रैडले (1846-1924) का है। उनकी विचारवादी मान्यताएं उनकी रचना *एथिकल स्टडीज*

(1876) में स्पष्ट दिखाई पड़ती हैं। यह पुस्तक उन्होंने उपयोगितावाद के विरोध में लिखी थी। ब्रैडले के समय इंग्लैंड में उपयोगितावाद का बोलबाला था। विचारवाद पर ब्रैडले की सबसे महत्वपूर्ण रचना *अपियरेंस एंड रियालिटी* (1893) है। इस पुस्तक में उन्होंने स्पष्ट रूप से अपनी परम विचारवाद संबंधी धारणाओं को प्रस्तुत किया है।

इसका प्रथम खंड आभास से संबंधित है और दूसरा खंड सत् से। पुस्तक के प्रथम खंड में ब्रैडले अपने तर्कों द्वारा यह सिद्ध करने का प्रयास करते हैं कि इस जगत में जो कुछ भी संबंधयुक्त है वह आभास मात्र है। लॉक के शास्त्रीय अनुभववाद के काल से ही प्राथमिक एवं द्वितीयक गुणों में भेद करने का चलन था। ब्रैडले को यह भेद मान्य नहीं था। उनके अनुसार समस्त गुण, चाहे वे प्राथमिक हों अथवा द्वितीयक, असत् होते हैं क्योंकि उनमें से किसी का भी स्वतंत्र अस्तित्व नहीं है। इसी प्रकार विशेष्य एवं विशेषण के बीच किए जानेवाले भेद को भी नहीं माना जा सकता क्योंकि वस्तु और उसके गुणों के पारस्परिक संबंध बुद्धि द्वारा ग्राह्य नहीं होते। प्रथम खंड का तृतीय अध्याय 'रिलेशन एंड क्वालिटी' ब्रैडले के तर्क-कौशल का सुंदर उदाहरण है। इसमें वे यह प्रतिपादित करते हैं कि गुण संबंधयुक्त हों अथवा संबंधरहित, प्रत्येक दशा में बुद्धि के लिए अग्राह्य होते हैं। गुणों से रहित या युक्त संबंध भी बुद्धि के लिए अग्राह्य ही होते हैं। यहां हम उनके तर्क की संक्षिप्त रूपरेखा देंगे।

मान लीजिए कि 'अ' और 'ब' दो भिन्न वस्तुएं हैं जो 'स' द्वारा जोड़ी गई हैं। 'स' न तो 'अ' और 'ब' का पृथक-पृथक तथा न ही उनका संयुक्त विशेषण है। 'अ' से जुड़ने के लिए 'स' को एक अन्य कड़ी 'स1' की आवश्यकता और 'ब' से जुड़ने के लिए 'स2' की आवश्यकता पड़ती है। 'स1' को 'अ' से जुड़ने के लिए एक अन्य कड़ी चाहिए और इस प्रकार यह क्रम चलता ही रहता है। ब्रैडले का तर्क यह प्रतीत होता है कि कोई भी संबंध किसी अन्य कड़ी पर निर्भर हुए बिना जोड़ने का कार्य नहीं कर सकता और यह अन्य कड़ी पुनः किसी अन्य कड़ी पर निर्भर रहती है और यह प्रक्रिया अनंत रूप से चलती रहती है। ब्रैडले की इस स्थापना की आलोचना में मुख्य रूप से यह कहा जाता है कि संबंध 'अ' और 'ब' की भांति विशेष्य नहीं है। इसका कार्य ही किसी अन्य कड़ी पर निर्भर हुए बिना *जोड़ना* है। संबंध की प्रकृति की इस मिथ्या धारणा के कारण ही ब्रैडले यह मान लेते हैं कि 'स' भी 'अ' और 'ब' की भांति उसी माला की एक मनका है। ब्रैडले के इस तर्क के संबंध में सी.डी. ब्राड का कथन है : "जब कोई महान दर्शनशास्त्री ऐसा तर्क करने लगता है जो सात वर्ष के बालक अथवा किसी जंगली के लिए भी हास्यास्पद हो तो हम उस दर्शनशास्त्री की दयनीय दशा नहीं देख पाते और अपनी आंखें फेर लेते हैं" (सी.डी. ब्राड, *एग्जामिनेशन आफ मैकटेगर्ट्स फिलासफी,* खंड 1, लंदन, 1933, पृ. 85)।

ब्रैडले पहले तो यह तर्क देते हैं कि संबंध के बिना कोई गुण नहीं हो सकता और न ही बिना गुण के कोई संबंध हो सकता है और फिर कहते हैं कि गुणों को संबंधों से भी जोड़ा नहीं जा सकता। उनके अपने शब्दों में : "अतः गुणों का होना अनिवार्य है। किंतु प्रत्येक

गुण में बहुत विविधता है। प्रत्येक गुण का दोहरा चरित्र होता है—एक तो सहायक का और दूसरा वह जो संबंध द्वारा बनाया जाता है। इसे एक साथ ही दशा और परिणाम के रूप में देखा जा सकता है। समस्या यह है कि यह अपनी इन विविधताओं का संयोजन किस प्रकार करे। इसे विविधताओं का संयोजन करना ही है और फिर भी वह ऐसा कर नहीं पाता। 'अ' जो है वह संबंध के द्वारा निर्मित है भी और निर्मित नहीं भी है, तथा इन विभिन्न पक्षों में न तो एक का स्थान दूसरा ले सकता है और न ही वह 'अ' हो सकता है।"[2]

यह तर्क समझ में नहीं आता। यह स्पष्ट नहीं होता कि दोनों के बीच अंतर कैसे किया जाए। ब्रैडले 'अ' के अंतर्गत दो भिन्न भागों को स्थापित करने का प्रयत्न करते हैं। इनमें से एक तो भेद का आधार है और दूसरा पार्थक्य का परिणाम। ब्रैडले का यह प्रयास स्वयं भेदरहित पार्थक्य प्रतीत होता है।

ब्रैडले *अपियरेंस एंड रियालिटी* के तृतीय अध्याय को अत्यधिक महत्व देते हैं। यहां तक कि वे आगे के अध्यायों को भी इसी अध्याय का विस्तार मानते हैं। इन अध्यायों में देश-काल, गति और परिवर्तन, कार्य-कारण सिद्धांत आदि का विवेचन किया गया है। तृतीय अध्याय में यह सिद्ध करने के लिए निश्चित तर्क दिए गए हैं कि प्रत्येक वस्तु किसी भी अन्य वस्तु के संदर्भ में असत् होती है। ब्रैडले तो आत्म को भी असत् सिद्ध करते हैं क्योंकि यह संबंधयुक्त होता है। उनका मुख्य लक्ष्य यह सिद्ध करना है कि संबंध और गुण सदैव बहुलता या नानात्व को प्रकट करते हैं और यह नानात्व जहां तक आभास है उस सीमा तक असत् है। ब्रैडले सामान्य बोध के बहुलतापूर्ण संसार और विज्ञान के संसार, दोनों को ही असत् मानते हैं क्योंकि उनमें अंतर्विरोध है। आगे चलकर हम देखेंगे कि जी.ई. मूर किस विश्वसनीय ढंग से अपने लेखों 'डिफेंस आफ कामन सेंस' एवं 'रेफ्यूटेशन आफ आइडियलिज्म' में ब्रैडले की इस स्थापना का खंडन करते हैं।

अपियरेंस एंड रियालिटी के पहले खंड में ब्रैडले सामान्य बोध के संसार की बहुलता को मिथ्या प्रमाणित करते हैं। यह बहुलता संबंधों एवं गुणों से निर्मित होती है। तत्पश्चात् वे दूसरे खंड में सत् की प्रकृति का वर्णन आरंभ करते हैं। सत् की कसौटी के संबंध में उनका विचार है : "परम सत्ता में अंतर्विरोध नहीं होता। यही इसका निरपेक्ष मानदंड है।"[3] सत् के निश्चित लक्षण के संबंध में उनकी धारणा है : "···सत् में आभास सन्निहित रहता है और यह आभास से छोटा नहीं हो सकता।"[4] "सत् का लक्षण है कि इसमें प्रत्येक गोचर वस्तु सामंजस्यपूर्ण रूप में विद्यमान रहती है।··· सत् इस अर्थ में एक है कि इसकी प्रकृति सकारात्मक होती है जिसमें विसंगति नहीं होती। यह प्रकृति प्रत्येक सत् वस्तु में सदैव निहित रहती है।"[5] ब्रैडले की यह भी मान्यता है कि सत् व्यष्टिपरक होता है। सतों की बहुलता नहीं होती क्योंकि सत् की स्वाधीनता से सतों की बहुलता का कोई मेल नहीं। परम स्वाधीनता और सह-अस्तित्व परस्पर बेमेल हैं। सत् के लिए स्वयं-अस्तित्वमान, स्वतंत्र एवं व्यष्टिपरक होना अनिवार्य है। इनमें से किसी भी लक्षण में सतों की बहुलता के लिए स्थान नहीं है। परम सत्ता

के रूप में सत् एक ऐसी व्यष्टिपरक प्रणाली है जिसमें समस्त गोचर वस्तुएं/आभास सामंजस्यपूर्ण ढंग से समाहित रहते हैं। परम सत्ता की प्रकृति संवेदनायुक्त अनुभव की होती है। संवेदनायुक्त अनुभव ही सत् का पदार्थ होता है। ब्रैडले के शब्दों में : "...परम सत्ता एक प्रणाली है और इसके मूलतत्व कुछ अन्य नहीं अपितु संवेदनायुक्त अनुभव ही हैं। अतः यह एक अकेला और संपूर्ण समाहित अनुभव होगा जिसमें प्रत्येक आंशिक विविधता सामंजस्यपूर्वक समाहित रहेगी।"[6] "परम सत्ता समस्त संभावित मूलतत्वों को एक व्यष्टिगत अनुभव में समेट लेती है जहां किसी व्याघात के लिए कोई स्थान नहीं है।"[7]

इस प्रकार ब्रैडले की मान्यता है कि सत्ता एक है, व्यष्टिपरक है। यह एक सामंजस्यपूर्ण समग्रता है जिसके भीतर समस्त आभास अथवा गोचर वस्तुएं समाहित रहती हैं। इसमें भेद किए जा सकते हैं किंतु इसमें कोई विभाजन नहीं होता। यह अंतर्विरोधों से मुक्त होता है। इसकी प्रकृति संवेदनायुक्त अनुभव की होती है जो अमध्यस्थ होता है, किंतु यह वैचारिक प्रकृति की नहीं होती। यह ब्रैडले के परम विचारवाद की विशेषता है कि इसकी परम सत्ता की प्रकृति वैचारिक न होकर अनुभवात्मक होती है।

ध्यान देने योग्य बात यह है कि हेगेल के विपरीत ब्रैडले विचार को परम सत्ता का अंतर्तत्व नहीं मानते। उनका मत है : "चिंतन एक विशिष्ट प्रकार के आवेग को तुष्ट करने का प्रयास है और इस प्रयास में सत्ता-विषयक मान्यता निहित रहती है...। चिंतन मात्र के लिए आपको कोई ऐसा प्रतिमान स्वीकार करना पड़ता है जिसमें सत् का परम ज्ञान निहित हो...।"[8] अतः जो विचार सत्ता को पहले से ही मानकर चलता हो, सत् के समकक्ष नहीं हो सकता। विचार सत् से कम होता है। सत् एक ऐसी वस्तु है जो धर्म-धर्मी संकुल है और जिसमें विभिन्न तत्वों का सामंजस्य रहता है। विचार इस एकत्व/सामंजस्य को तोड़ देता है किंतु इसे जोड़ नहीं सकता। निर्णयात्मक विचार के संबंध में ब्रैडले की विख्यात धारणा है : "निर्णय सत् के प्रति एक वैचारिक अंतर्वस्तु का संदर्भ है और यह निर्णय उस कर्म के परे है। विधेय जो कभी बिंब नहीं होता, धर्मी का एक विशेषण होता है किंतु यह 'धर्मी' उस (सत्) से अपना एकत्व खोया हुआ 'धर्मी' होता है। विचार को, जो मूलतः निर्णयात्मक होता है, 'प्रदत्त' की वैचारिकता को, इसकी संगति के अभाव को और इसकी आत्म-अतिक्रमणता को स्वीकार करना पड़ता है।"[9] विचार आत्मघात किए बिना धर्म-धर्मी के इस द्वैत से परे नहीं जा सकता। केवल अमध्यस्थ संवेदनायुक्त अनुभव में ही इस द्वैत से परे जाया जा सकता है। अतः परम सत्ता विचार से परे कोई ऐसी वस्तु नहीं हो सकती जो वस्तु-निजरूप हो। "विचार चूंकि एक निर्णय होता है, इसलिए हम कहते हैं कि विधेय कभी वही नहीं होता जो उद्देश्य होता है क्योंकि उद्देश्य के रूप में तो परम सत्ता ही प्रस्तुत की जाती है (केवल इसी रूप में प्रस्तुत की जाती है, ऐसा नहीं कहना चाहिए)।"[10] मूलतः निर्णयात्मक एवं संबंधयुक्त होने के कारण विचार, विचार के रूप में, व्यष्टित्व को प्राप्त नहीं कर सकता।

सत् की प्रकृति को संक्षेप में इस प्रकार प्रस्तुत किया जा सकता है : "सत् एक होता है जो विविधता से रहित नहीं होता अपितु येन-केन-प्रकारेण उसे इस प्रकार अपने में समाहित कर लेता है कि उसका लक्षण बदल जाता है। स्पष्टतः कोई ऐसी वस्तु नहीं है जो सत् की सीमा से बाहर हो।"[11] सत् अथवा परम सत्ता वह पूर्ण अनुभव है जो जीवन के समस्त अपूर्ण रूपों को अपने भीतर समेट लेता है। "परम सत्ता अमध्यस्थ होती है क्योंकि वह एक साथ ही इन विभिन्नताओं से युक्तभी है और उनके परे भी जाती है। चूंकि यह आत्मविरोधी नहीं हो सकती और इसमें विचार अस्तित्व से अलग नहीं हो सकता, अतः इसमें दुःख कम और आनंद अधिक होता है। यह प्रत्येक अर्थ में संपूर्ण है।"[12] संपूर्णता से ब्रैडले का तात्पर्य विसंगति एवं प्रतिकूलता के निषेध से है। किंतु निषेध का तात्पर्य यह नहीं है कि यह परम सत्ता से बाहर की कोई वस्तु है। परम सत्ता/सत् अस्तित्वमान और अंतर्वस्तु के बीच विभेद के स्तर को पार कर जाती है जबकि अस्तित्व विभेदों के स्तर के नीचे ही रहता है। परम सत्ता व्यष्टि है और व्यष्टि का अर्थ है एकत्व एवं नानात्व का समन्वय। परम सत्ता संपूर्ण है अर्थात् यह विचार और अस्तित्व की तद्रूपता है जिसमें आनंद भी सम्मिलित है। यह विचार सच्चिदानंद की भारतीय अवधारणा के बहुत निकट प्रतीत होता है।

उपरोक्त चर्चा में हमने देखा कि ब्रैडले विचार को परम सत्ता नहीं मानते क्योंकि विचार विमर्शात्मक होता है अर्थात् यह 'धर्म' और 'धर्मी' में विभेद करता है और इस द्वैत का समाधान करके मूल सामंजस्य को पुनः स्थापित नहीं कर सकता। किंतु विचार को पूर्णतः असत् भी नहीं माना जा सकता क्योंकि कोई वस्तु ऐसी नहीं है जो परम सत्ता के बाहर हो। ब्रैडले सत्य और सत् की कोटियों का दिलचस्प सिद्धांत विकसित करते हैं। "जिस सत्य और तथ्य को परम सत्ता में परिणत होने के लिए थोड़े-से परिवर्तन की और कुछ अन्य को थोड़ी मात्रा में मिलाने की आवश्यकता पड़ती है वह अधिक वास्तविक एवं अधिक सत्य होता है। सत् और सत्य की कोटि से हमारा यही तात्पर्य है। यह कहना कि किसी वस्तु में सत् के लक्षण अधिक हैं और यह कि किसी में सत् की मात्रा अधिक है, एक ही बात को दो ढंगों से कहना है।"[13]

उपरोक्त चर्चा में हमने देखा कि सामान्य बुद्धि के बहुलता से युक्त संसार को ध्वस्त करने के लिए ब्रैडले गुणों एवं संबंधों से संबंधित जिन तर्कों का सहारा लेते हैं उनमें कतिपय गंभीर कठिनाइयां हैं। अपने सत् के सिद्धांत को विकसित करते समय ब्रैडले ने सत् के लक्षण के रूप में व्याघातहीनता के मानदंड का सहारा लिया था। किंतु आगे सत् की प्रकृति के संबंध में वे इसके निरपेक्ष, एक, संपूर्ण और व्यष्टि होने के जो दावे करते हैं उन पर संदेह होता है। उनका श्रमपूर्वक यह दर्शाने का प्रयास कि विचार सत् नहीं है, मूलतः विचार एवं विचारों के संयोजन संबंधी मिल के अनुभवाश्रित सिद्धांत पर उठाई गई आपत्ति है और कोई हेगेलवादी कह सकता है कि ब्रैडले ने विचार को मिल की दृष्टि से समझा है। उनका सत् और सत्य की कोटियों अथवा श्रेणियों का सिद्धांत भी भ्रम उत्पन्न करनेवाला है क्योंकि इसके अनुसार कोई भी निर्णय पूर्ण सत्य

नहीं होता और प्रत्येक निर्णय अंशतः सत्य और अंशतः मिथ्या होता है। किंतु उन्होंने मिथ्यात्व की कोटियों के सिद्धांत का विवेचन नहीं किया। यह भी कहा गया है कि सत् या सत्य की कोटियां नहीं हो सकतीं। कोई भी बात या तो सत्य/वास्तविक होती है अथवा मिथ्या/अवास्तविक। ब्रैडले सत् और सत्य में जो भेद करते हैं उससे भी भ्रम उत्पन्न होता है। फिर भी ब्रैडले को विचारवादी और निरपेक्षतावादी माना गया है क्योंकि वे सत् को एक मानते हैं और उसकी वही प्रकृति मानते हैं जो संवेदनायुक्त अनुभव की होती है। इसमें संदेह नहीं कि इंग्लैंड में परम विचारवाद का जो प्रभुत्व थोड़े समय के लिए रहा उसमें ब्रैडले अग्रणी दर्शनशास्त्री के रूप में रहे हैं।

परम विचारवादी माने जानेवाले अन्य दर्शनशास्त्री हैं बोसांके और केयर्ड जिनके दर्शन पर हेगेल का अधिक प्रभाव दिखाई देता है। टी.एच. ग्रीन की चर्चा पहले ही की जा चुकी है। ध्यान देने योग्य यह है कि उस समय के सभी विचारवादी निरपेक्षवादी नहीं हैं। कैंब्रिज में मैकटेगर्ट (1866-1925) ने अपने विशाल दो ग्रंथों वाली रचना *दि नेचर आफ एक्ज़िस्टेंस* में ब्रैडले के एकत्ववाद का खंडन किया और उसके स्थान पर वैयक्तिक विचारवाद की प्रस्थापना प्रस्तुत की जिसके अनुसार सत् आत्माओं का समुदाय होता है। ये आत्माएं चित् होती हैं जो एक-दूसरे का परिग्रहण करती हैं और जिसका वे परिग्रहण करती हैं उससे ऐसा प्रेम करती हैं जो पूर्ण होता है। मैकटेगर्ट ब्रैडले के एकत्ववाद और परिणामतः उनके संबंधों के सिद्धांत का खंडन करते हैं और मानते हैं कि सत् के तत्व 'सी-शृंखला' द्वारा क्रमबद्ध किए जाते हैं जिसके पद अपने पूर्वगामी पदों से उत्पन्न भी होते हैं और उन्हें अपने में सम्मिलित भी किए रहते हैं। काल की असत्ता का उनका दिलचस्प सिद्धांत इस संदर्भ में बहुत प्रासंगिक न होगा।

बोसांके और केयर्ड परम विचारवाद के पक्षधर होते हुए भी ब्रैडले के दृष्टिकोण से सहमत नहीं होते। केयर्ड लाइब्नीज की इस धारणा को मानते हैं कि सत् अनिवार्यतः आत्मनिर्धारित होता है। यही विचार हेगेल का भी है जैसाकि उनके इस कथन से स्पष्ट है : "वास्तव में ऐसी कोई वस्तु नहीं होती जो आत्मनिर्धारित और आत्मसंबद्ध न हो।" एकमात्र आत्मनिर्धारित इकाई वह प्रणाली है जिसमें समस्त विशिष्ट/परिमित परस्पर-संबद्ध रूप में स्थित रहते हैं। केयर्ड का मत है कि यह प्रणाली नानात्व की एकता होने के कारण एक आत्मचेतन सत्ता के अतिरिक्त कुछ अन्य नहीं हो सकती। अतः उनका मत है कि "जैसे ही हम यह जान लेते हैं कि सत् केवल उस वस्तु में मिल सकता है जिसमें आत्मनिर्धारण का सिद्धांत निहित हो, वैसे ही हम यह मानने पर बाध्य प्रतीत होते हैं कि ईश्वर ही एकमात्र सत्ता है।"[14] धर्म में वर्णित ईश्वर केयर्ड की परम सत्ता है।

बोसांके सत् और ईश्वर की इस तद्रूपता को स्वीकार नहीं करते और इस दृष्टि से वे हेगेल के अधिक निकट हैं। वे परम सत्ता के पक्ष में 'संसार की अनुभवाश्रित प्रकृति' की दृष्टि से तर्क देते हैं। फिर भी उनके तर्क में मौलिकता है। उनका तर्क है कि विचार

करने पर हम स्वयं अपने सभी (संज्ञानात्मक, नैतिक, सौंदर्यशास्त्रीय इत्यादि) अनुभवों को खंडित एवं अपूर्ण पाते हैं किंतु इनमें उत्तरोत्तर संपूर्ण और सामंजस्यपूर्ण होते जाने की प्रवृत्ति होती है। प्रत्येक परिमित, आंशिक अनुभव सुसंबद्ध एवं संपूर्ण होने की दिशा में अग्रसर रहता है। यह प्रवृत्ति एक समग्रता, एक संपूर्ण सुसंबद्ध समग्रता के अस्तित्व को मानकर चलती है जो अनुभवों का एक ऐसा साकल्य है जो समस्त दोषों और अक्षमताओं पर विजय पाकर प्रत्येक वस्तु को एक सामंजस्यपूर्ण प्रणाली में समाहित कर लेता है। अनुभव की यह व्यापक प्रणाली ही परम सत्ता है। बोसांके का कथन है : "तो यह है परम सत्ता के निष्कर्ष की मूल प्रकृति; समस्त अनुभवों का समान रूप से अंतर्विरोध एवं अस्थिरता से स्थिरता एवं समाधान की ओर प्रवाहित होना।"[15] बोसांके अंतर्विरोध पर विजय प्राप्त करने के इस सिद्धांत को 'सकारात्मक एवं रचनात्मक' मानने के साथ ही 'जीवन और तत्वमीमांसा, दोनों का ही प्रवर्तक सिद्धांत' मानते हैं। एक परम विचारवादी की भांति बोसांके मानते हैं कि परम सत्ता पूर्ण, आत्म-संपूर्ण एवं पूर्णतः सुसंबद्ध व्यष्टि है, प्रत्येक कल्पनीय वस्तु का मूर्त सर्वव्यापक संश्लेष, मूर्त सामान्य है।

बोसांके ने अपने दर्शन में मूर्त सामान्य की अवधारणा का विस्तृत विवेचन किया है। मूर्त सामान्य की अवधारणा का परम विचारवादी दर्शन में महत्वपूर्ण स्थान है। यह अवधारणा ब्रैडले के परम सत्ता संबंधी सिद्धांत का ही विस्तार है जिसके अनुसार परम सत्ता ऐसी व्यष्टि है जिसमें "प्रभेद तो किए जा सकते हैं किंतु कोई विभाजन नहीं होता। यह एक ऐसी विविधता है जो एकता के रूप में जानी जाती है; यह एक ऐसी समष्टि है जो व्यष्टियों से निर्मित होती है।"[16] यही बोसांके का मूर्त सामान्य है।

ब्रैडले का दर्शन इंग्लैंड में हेगेलवादी परम विचारवाद का सबसे महत्वपूर्ण उदाहरण है, यद्यपि ब्रैडले कतिपय मूलभूत बातों में हेगेल से सहमत नहीं हैं। धीरे-धीरे यह दर्शन इंग्लैंड में प्रभावहीन होता गया। इसका कारण मैकटेगर्ट के विचारवाद जैसे विभिन्न प्रकार के विचारवादी दर्शनों का उदय तो था ही, जी.ई. मूर एवं बरट्रेंड रसल जैसे यथार्थवादियों का प्रबल विरोध भी था। ब्रैडले ने सामान्य बुद्धि के बहुलतामय संसार के ध्वंस की जो बात कही थी उसका मूर ने अपने दो लेखों 'इन डिफेंस आफ कामन सेंस' और 'रेफ्यूटेशन आफ आइडियलिज्म' में कड़ा विरोध किया। मूर की इस कड़ी आलोचना ने रसल की आरंभिक विचारवाद-समर्थक रुचि को यथार्थवाद की ओर तो मोड़ा ही, इंग्लैंड में थोड़े समय के लिए परम विचारवाद का जो प्रभुत्व आ गया था उसे भी निष्प्रभ कर दिया। इसका कारण कदाचित् यह है कि अंग्रेजी दर्शन सदा से ही मूलतः अनुभववादी और यथार्थवादी रहा है तथा विचारवाद इंग्लैंड की सहजवृत्ति से मेल नहीं खाता। फिर यह कैसे संभव हुआ कि इंग्लैंड में विचारवाद का उदय ही नहीं हुआ, बल्कि थोड़े समय के लिए इसका प्रभुत्व भी छाया रहा। इस संबंध में हम केवल कुछ अनुमान ही लगा सकते हैं जो संभव है परीक्षण के पश्चात् सत्य सिद्ध हों।

इंग्लैंड में विचारवाद के उदय का सबसे महत्वपूर्ण कारण यह माना जाता है

कि इस दर्शन ने विचारधारा के स्तर पर इंग्लैंड की दो उत्कट आवश्यकताओं की पूर्ति की। विज्ञान का बढ़ता हुआ प्रभाव और उसकी जययात्रा धार्मिक विश्वासों को कमजोर कर रहे थे। "दूसरी आवश्यकता सामाजिक उत्तरदायित्व की राजनीति की थी जिसे राज्य द्वारा अहस्तक्षेप की तत्कालीन नीति के विरुद्ध खड़ा किया जा सकता। यह एक ऐसे राजनीतिक परोपकारवाद की आवश्यकता थी जो उस समय प्रचलित इस धारणा का प्रतिकार कर सकता कि स्वार्थी लोगों के बीच निर्बंध होड़ ही मानव-प्रगति का एकमात्र साधन है।"[17]

एक वैज्ञानिक विकास जो विशेष रूप से ईसाई धर्म के लिए नहीं अपितु सामान्यतः धर्म मात्र के लिए चुनौती बनकर सामने आया, डार्विन का क्रांतिकारी सिद्धांत था जिसका ठेठ प्रकृतिवाद ईश्वर के जगत-स्रष्टा रूप को ही चुनौती देने लगा था। उनके जीवन के लिए संघर्ष, प्राकृतिक वरण एवं योग्यतम की उत्तरजीविता के सिद्धांतों ने सृष्टि-रचना से ईश्वर के अस्तित्व संबंधी तर्कों को भी चुनौती दी। दूसरे, डार्विन का सिद्धांत मनुष्य के पदार्थ और चेतना, दोनों से निर्मित होने के द्वैतवादी सिद्धांत का भी खंडन करता प्रतीत होता था। इस प्रकार यह धार्मिक सिद्धांत मात्र पर मार्मिक चोट थी। यद्यपि डार्विन ने स्पष्ट रूप से मनुष्य को एक प्राकृतिक वस्तु सिद्ध नहीं किया, तो भी उनके सिद्धांत ने एक स्रष्टा, पालक तथा संहारक ईश्वर के अस्तित्व संबंधी धार्मिक आस्थाओं को पर्याप्त क्षति पहुंचाई। इस सिद्धांत ने मनुष्य और संसार के संबंध के धार्मिक सिद्धांत के मूल पर ही प्रहार किया।

हेगेल के दर्शन की विशेषता यह थी कि वह सीधे-सीधे विज्ञान से टकराया भी नहीं और द्वंद्ववादी विधि द्वारा विकसित यह दर्शन एक विशेष प्रकार से विकासवादी भी प्रतीत होता था। धर्म और नीतिशास्त्र को प्रकृतिवाद और परोपकारवाद के आक्रमण से बचाने के लिए उपर्युक्त विशेषताओं की तथा हेगेलीय विचारवाद की भी आवश्यकता थी और इंग्लैंड ने इसे अपने ढंग से अपना लिया। इस प्रकार विचारवाद इंग्लैंड में थोड़े समय के लिए अपना प्रभुत्व स्थापित कर सका।

ब्रैडले सामान्य अर्थ में धर्म के रक्षक नहीं थे। किंतु वे निश्चित रूप से प्रकृतिवाद और उपयोगितावाद के विरोधी थे। परम विचारवाद एक ऐसे राजनीतिक सिद्धांत की आवश्यकता की भी पूर्ति करता था जो राज्य को एक ठोस, निरंकुश आधार प्रदान करता था। इसके लिए यह सिद्धांत राज्य को मानव के श्रेष्ठतर और नैतिक स्वरूप एवं साकार स्वाधीनता के रूप में गौरवमंडित करता था। राजनीति के विचारवादी सिद्धांत को जो मूल रूप से मूलगामी था, जैसाकि हेगेल के दर्शन में दिखाई देता है, ऐसा बनाया गया कि उससे राज्य की रचना में प्रगतिवादी परिवर्तन लाए जा सकें। संभव है अपनी इन्हीं 'विशेषताओं' के कारण विचारवाद इंग्लैंड में उथल-पुथल के उस काल में छा गया जब विज्ञान की चुनौतीपूर्ण जययात्रा ने धर्म, समाज और आचार की नींव को ही हिला दिया था। ऐसे समय में विचारवाद

पलायन का मार्ग बनकर सामने आया। किंतु विचारवाद का यह सहारा अस्थायी सिद्ध हुआ और दो दशकों के भीतर तो विश्लेषणात्मक अनुभववाद के प्रति अंग्रेजों के सहज रुझान और सामान्य बुद्धि, उपयोगितावादी नैतिकता और जनतंत्र के प्रति उनके आदर-भाव ने इंग्लैंड में पुनः प्रतिष्ठा प्राप्त कर ली।

3

हम एक ऐसे परम विचारवादी दर्शनशास्त्री की संक्षिप्त चर्चा के साथ इस अध्याय का समापन करेंगे जो अंग्रेज न होते हुए भी मोटे तौर पर दर्शन की ऐंग्लो-सैक्शन परंपरा के अंतर्गत आते हैं और जो परम विचारवादियों के बीच महत्वपूर्ण स्थान के अधिकारी हैं। यह हैं अग्रणी अमरीकी विचारवादी जोसाया रायस जिन्होंने अपने विचार मुख्य रूप से गिफर्ड व्याख्यानों में प्रकट किए हैं। ये व्याख्यान *दि वर्ल्ड एंड दि इंडिविजुअल* नाम से पुस्तक-रूप में प्रकाशित हो चुके हैं। बोसांके की भांति इनका भी मत है कि परिमित अनुभवों में आत्म-अतिक्रमण का गुण होता है और ये अनुभव एक परम सत्ता/एक स्वयं-संपूर्ण व्यष्टिगत जीवन अथवा अनुभव की ओर इंगित करते हैं।

रायस की विशेषता इस बात में है कि उन्होंने मूर्त एवं व्यक्तिगत ऐंद्रिक अनुभव के माध्यम से आत्मनिष्ठ विचारों के प्रत्यक्षीकरण एवं वास्तविकीकरण की आवश्यकता को पहचाना। किंतु यह प्रत्यक्षीकरण अनिवार्यतः वरणमूलक होता है और मन ही इस बात का निर्णय करता है कि किस प्रकार का ऐंद्रिक अनुभव उचित है। अतः यथार्थवादी का 'निर्मम अनुभवाश्रित आंकड़ों' की अथवा ऐंद्रिक अनुभव की स्वाधीनता का दावा कपोलकल्पना ही है। "जो भी संयोग से सामने आ जाए" वही ऐंद्रिक अनुभव नहीं होता। "यह एक सावधानी से एवं विचारपूर्वक चुना गया अनुभव है।"[19] रायस सत्य की प्रकृति/कसौटी के बारे में यथार्थवादियों के संगति-सिद्धांत को अस्वीकार करते हैं। मन ही यह निर्णय करता है कि किस प्रकार का प्रतिनिधान 'तथ्य' का सही प्रतिनिधान है। सत्य का निर्धारण विचार/बिंब और बाह्य तथ्य के बीच किसी वस्तुनिष्ठ संबंध से नहीं होता अपितु मन की सोद्देश्य एवं वरणमूलक गतिविधि से होता है।

रायस का तर्क है कि किसी विचार की अपने-आपको वास्तविक बनाने की उत्कट इच्छा को देखने से किसी भी ऐसे वास्तविकीकरण की कमी को समझा जा सकता है। प्रेक्षक अनुभव करता है कि जिस जगत का वह प्रत्यक्ष कर रहा है वह उसके विचारों का एकमात्र एवं पूर्ण साकार रूप नहीं है। प्रत्यक्ष सदैव सत् की खोज होता है किंतु पूर्ण सत् को पाने में यह कभी सफल नहीं होता। किंतु यह असफलता उस परम सत् के अस्तित्व को इंगित करती है जिसमें समस्त अभाव तिरोहित हो जाते हैं। जिस सत् को हमारी विचारबुद्धि खोजती है वह उस परम सत्ता के अतिरिक्त कुछ और नहीं हो सकता जो समस्त विचारों को सीधे अनुभव में साकार करती है। ये अनुभव समस्त संभावित ढंगों से होते हैं। अतः परम सत्ता एक परम अनुभव भी है जो अपने भीतर सभी परिमित

अनुभवों को समेटे रहती है। रायस अनुभव की गत्यात्मक प्रकृति पर बल देते हैं और परम सत्ता को हमारे समस्त परिमित अनुभवों, उनके अर्थ एवं निष्पत्ति की पराकाष्ठा मानते हैं।

केयर्ड की भांति रायस भी इस परम सत्ता और धर्म के ईश्वर को एक मानते हैं—एक ऐसी संपूर्ण व्यष्टि जिसमें समस्त परिमित, अपूर्ण अनुभव समाहित रहते हैं।

टिप्पणियां एवं संदर्भ

1. जे. एच. स्टर्लिंग, *दि सीक्रेट आफ हेगेल,* 1865.
2. एफ. एच. ब्रैडले, *अपियरेंस एंड रियालिटी,* आक्सफोर्ड, क्लैरेंडन प्रेस, 1893, पृ. 26.
3. उपरोक्त, पृ. 120.
4. उपरोक्त, पृ. 119.
5. उपरोक्त, पृ. 123.
6. उपरोक्त, पृ. 129.
7. उपरोक्त, पृ. 130.
8. उपरोक्त, पृ. 134-35.
9. उपरोक्त, पृ. 146.
10. उपरोक्त, पृ. 155.
11. उपरोक्त, पृ. 213.
12. उपरोक्त, पृ. 213.
13. उपरोक्त, पृ. 323.
14. ई. केयर्ड, *हेगेल,* पृ. 177.
15. बी. बोसांके, *दि प्रिंसिपुल आफ इंडिविजुआलिटि एंड वैल्यू,* पृ. 268.
16. उपरोक्त, पृ. 38.
17. एंटनी केनी (संपादक), *रेशनलिज, इंपिरिसिज्म एडं आइडियलिज्म,* आक्सफोर्ड, 1986, में देखिए ए. एम. क्विंटन का लेख 'एब्सोल्यूट आइडियलिज्म', पृ. 126.
18. चार्ल्स डार्विन, *ओरिजिन आफ स्पीशीज़,* 1869.
19. जोसाया रायस, *दि वर्ल्ड एंड दि इंडिविजुअल,* पृ. 285.

अध्याय 2

यथार्थवाद और इसके विभिन्न रूप

1

दर्शनशास्त्र के अन्य अनेक महत्वपूर्ण शब्दों की भांति यथार्थवाद भी एक ऐसा शब्द है जिसमें अनेक अर्थों की ध्वनियां हैं। अतः इसकी कोई स्पष्ट परिभाषा देना या किन्हीं विशिष्ट विचारकों को यथार्थवादी मान लेना सहज नहीं है। यदि इस शब्द को 'सामान्यों' के संदर्भ में प्रयुक्त न किया जाए तो इससे एक निश्चित नकारात्मक अर्थ ध्वनित होता है, विशेषकर ज्ञानमीमांसा के क्षेत्र में। यह विचारवाद का और खासकर ज्ञानमीमांसी विचारवाद का विपरीतार्थक है।

दर्शनशास्त्र के क्षेत्र में यथार्थवाद के विभिन्न प्रकारों की चर्चा की जाती है—सहज अथवा सामान्य-बुद्धि यथार्थवाद, प्रतिनिधानवादी यथार्थवाद, नव्य-यथार्थवाद, नव-यथार्थवाद एवं समालोचनात्मक यथार्थवाद। एक अर्थ में ये सभी प्रकार सहज अथवा सामान्य-बुद्धि यथार्थवाद के ही परिष्कृत रूप हैं। अतः स्वाभाविक है कि हम अपनी चर्चा सहज यथार्थवाद से आरंभ करें।

2

साधारण व्यक्ति का यथार्थवाद सामान्य-बुद्धि यथार्थवाद होता है जो शुद्ध यथार्थवाद होता है। वह मानता है कि जो कुछ भी वह देखता है वह प्रकृति में सदा से ही 'रहा है', 'है' और 'रहेगा', चाहे वह ज्ञात हो या अज्ञात। ज्ञानमीमांसी विचारवाद की मान्यता के अनुसार संज्ञान का विषय किसी न किसी प्रकार विषयी अथवा संज्ञान की स्थिति पर आश्रित होता है। सामान्य-बुद्धि यथार्थवाद की मान्यता इसके ठीक विपरीत है। ज्ञाता अनेक अस्तित्वमान वस्तुओं में से एक है। ज्ञाता के रूप में वह वस्तुओं को उसी सीमा तक जानता है जिस सीमा तक उसकी चेतना सर्चलाइट की भांति वस्तुओं को आलोकित करती है। उसके लिए आभास और सत् एकसमान हैं। लेकिन यहां एक समस्या उठ खड़ी होती है। यह सत्य है कि स्वप्नों, मरीचिकाओं और भ्रांतियों का

अस्तित्व होता है, उन्मत्त व्यक्ति को गुलाबी चूहे दिखाई देते हैं और ऐसी ही अन्य घटनाएं भी होती हैं। भारतीय दर्शन में दिए जानेवाले रज्जु-सर्प भ्रांति एवं शुक्ति-रजत भ्रांति के प्रसिद्ध उदाहरण हमारे अनुभूत 'तथ्य' हैं। इन वस्तुओं के अस्तित्व के संबंध में क्या कहा जाए ? क्या रस्सी के स्थान पर देखा गया सर्प रस्सी जितना ही वास्तविक है ?

अतः यह स्वीकार करना पड़ता है कि कभी-कभी हमारे प्रत्यक्ष की वस्तु वास्तव में 'होती' नहीं है मगर फिर भी हम उसे देखते हैं। विचारवाद इस स्थिति से लाभ उठाकर कह सकता है कि जो हमने देखा वह मानसिक वस्तु थी। जो भी हो, सहज यथार्थवाद के पास इसका कोई उत्तर नहीं है। या तो यह (अ) मात्र सिद्धांत की रक्षा के लिए यह कहे कि जो कुछ हम देखते हैं वह यथार्थ होता है या (ब) स्वीकार करे कि कम से कम भ्रांति में कुछ मानसिक वस्तुएं अवश्य होती हैं। किंतु (अ) तो सामान्य बुद्धि के विरुद्ध है और ऐसा मान लेना वास्तविक प्रत्यक्ष और भ्रांतिपूर्ण प्रत्यक्ष के बीच अंतर को मिटाकर वास्तविक वस्तुओं का मखौल करना होगा। परंतु (ब) वाला दृष्टिकोण तो यथार्थदाद को पूर्णरूपेण ध्वस्त ही कर देगा। यह नहीं कहा जा सकता कि यह वास्तविक प्रत्यक्ष की स्थिति में तो वस्तु की स्वतंत्र सत्ता होती है जबकि भ्रांति की स्थिति में वस्तु की वास्तविकता प्रत्यक्ष करनेवाले मन पर आश्रित होती है। अतः यथार्थवाद को अपना सहज रूप छोड़कर परिष्कृत रूप अपनाना पड़ता है ताकि किसी प्रकार वस्तु की स्वतंत्रता स्थापित की जा सके।

देकार्त और लॉक का तथाकथित प्रतिनिधानवाद का सिद्धांत इस परिष्कार की दिशा में पहला कदम है। इसमें चेतना वस्तुओं को आलोकित करनेवाली सर्चलाइट नहीं मानी जाती अपितु एक फोटोग्राफिक प्लेट की भांति मानी जाती है जिस पर वस्तुएं दर्शाई जाती हैं। मन इन दर्शाई जानेवाली वस्तुओं अथवा विचारों को पहचानता है। जब विचार उस वस्तु को जिसका वह प्रतिनिधित्व करता है, ठीक-ठीक दर्शाता है तो उसका प्रत्यक्ष भी सही होता है और जब ऐसा नहीं होता है तो प्रत्यक्ष भी मिथ्या अथवा भ्रांतिपूर्ण होता है। किंतु इस परिष्कार से यथार्थवाद की रक्षा नहीं हो पाती अपितु इससे तो ठेठ विचारवाद का मार्ग प्रशस्त हो जाता है। जब वस्तु से मन का सीधा परिचय ही नहीं है तो वह यह कैसे जानेगा कि वस्तु को सही रूप में दर्शाया गया है अथवा नहीं ? हमारे पास केवल 'विचार' होते हैं और सत्य और मिथ्या विचार में भेद करने का कोई औचित्य नहीं। साथ ही बाह्य वस्तुओं का जगत भी उस सीमा तक अनावश्यक हो जाता है जिस सीमा तक इसे मान लेने का कोई औचित्य न हो क्योंकि इसे जानने का कोई मार्ग नहीं होता।

बर्कले ने इस स्थिति का पूरा-पूरा लाभ उठाया और बाह्य वस्तुओं के जगत की धारणा से छुटकारा पा लिया। जानने के लिए रह जाते हैं केवल विचार और मन। फिर भी वे इस दिशा में पूरा आगे नहीं बढ़े क्योंकि वे अन्य मनों के अस्तित्व को स्वीकार

करते हैं, भले ही वे परस्पर असंबद्ध हों। ये मन भी उनके सिद्धांत में विचारों से अधिक कुछ नहीं हैं। किंतु ह्यूम निर्मम रूप से बर्कले के सिद्धांत को उनके इस तर्कसंगत निष्कर्ष तक ले गए कि किसी वस्तु का अस्तित्व ही इस बात पर आश्रित है कि उसका प्रत्यक्ष किया जाए। इस प्रकार ह्यूम ने निष्कर्ष निकाला कि विश्व में केवल मानसिक स्थितियों का ही अस्तित्व है यद्यपि इसमें उनकी स्वयं की आस्था नहीं थी।

कांट ने ह्यूम की चुनौती को गंभीरता से लिया और अपनी प्रसिद्ध रचना *क्रिटीक आफ प्योर रीजन* में इसका प्रत्युत्तर देने का प्रयास किया। इसमें कांट ने ज्ञान का एक नया सिद्धांत प्रस्तुत किया जो प्रतिनिधानवाद का परिष्कृत रूप प्रतीत होता है। प्रतिनिधानवाद की भांति कांट की स्थापना में भी निजरूप वस्तुएं, जो हमारे संवेदनात्मक सहजबोध के स्रोत हैं, अज्ञात और अज्ञेय हैं। इन निजरूप वस्तुओं द्वारा उत्पन्न संवेदनात्मक सहजबोधों के साथ ही जानने की प्रक्रिया आरंभ हो जाती है और संज्ञाता मन (अहंप्रत्यय का प्रागानुभविक अथवा संश्लिष्ट एकत्व) सहजबोध के रूपों और बोध (प्रवर्ग) के रूपों के माध्यम से ज्ञान की सृष्टि करता है। बर्कले अथवा ह्यूम के अहंमात्रवाद से बचने के लिए और सामान्य बुद्धि के संसार को तथा इसकी वस्तुनिष्ठता को बचाने के लिए कांट मन को ऐसी शक्ति प्रदान करते हैं कि वह संसार के लिए नियम बना सके। कांट संज्ञाता मन एवं संज्ञात मन के बीच भी भेद स्थापित करते हैं। इनमें से पहली तो प्रागानुभविक पूर्वमान्यता है और ज्ञेय नहीं है जबकि दूसरी अर्थात् मानसिक दशाएं इत्यादि अन्य वस्तुओं की भांति ज्ञेय हैं। हेगेल अज्ञेय निजरूप वस्तुओं को हटाकर मन को संसार का नियम-निर्धारक बना देते हैं। संसार में प्रत्येक वस्तु, यहां तक कि अलग-अलग मन भी, उसी परम तत्व /आत्मद्रव्य / मन का ही आविर्भाव है जो अपने-आपको द्वंद्वात्मक प्रणाली द्वारा विषय और विषयी के माध्यम से प्रकट करता है। केवल परम तत्व ही सत् है और शेष सभी वस्तुएं इसके आविर्भाव हैं।

अतः यह कहना उचित प्रतीत होता है कि सामान्य-बुद्धि यथार्थवाद अंततः परम विचारवाद ही बन जाता है। यह धारणा कुछ सीमा तक औचित्यपूर्ण प्रतीत होती है। किंतु यथार्थवादी प्रस्थापना एक समांतर दिशा में विकसित हुई जिसने इस बात का प्रयास किया कि संज्ञाता विषयी से संज्ञान के विषय की स्वाधीनता को बनाए रखा जा सके। कुछ यथार्थवादी सिद्धांत संसार की उस छवि को बचाने में न्यूनाधिक सफल रहे हैं जो सामान्य बुद्धि की धारणा के निकट है। रसल जैसे विचारक एक भिन्न ही सिद्धांत प्रस्तुत करते हैं। किंतु एक बात पर वे सब सहमत हैं; वे सब विचारवादी प्रस्थापना का प्रत्याख्यान करना चाहते हैं।

जी.ई. मूर और बरट्रेंड रसल के निर्मम प्रहारों ने इंग्लैंड में परम विचारवाद के संक्षिप्त प्रभुत्व को समाप्त कर दिया। मूर सामान्य बुद्धि के संसार की धारणा के समर्थक थे। उन्होंने अपने प्रसिद्ध लेख 'दि रेफ्यूटेशन आफ आइडियलिज्म'[1] से विचारवाद पर प्रहार करना आरंभ किया। रसल ने विचारवाद के विरुद्ध अपना मुख्य तर्क *दि प्राब्लम्स*

आफ फिलासफी (1912) में केंद्रित किया है । अमरीका में भी इंग्लैंड के साथ ही साथ यथार्थवाद का विकास हुआ ।

आधुनिक यथार्थवाद की प्रकृति ज्ञानमीमांसी है और इसकी मुख्य चिंता संसार संबंधी सामान्य धारणा की रक्षा करना है । सामान्य रूप से हम सोचते हैं कि विभिन्न वस्तुओं एवं व्यक्तियों से निर्मित एक बाह्य जगत होता है जिसका अस्तित्व हमसे स्वतंत्र है । इसे जानने की प्रक्रिया में हम केवल इसे जानते हैं पर किसी भी प्रकार इसका निर्माण नहीं करते । सामान्य यथार्थवाद बर्कले और ह्यूम के आत्मनिष्ठ विचारवाद का यह कहकर प्रत्याख्यान करता है कि यह एक सत्य प्रस्थापना से मिथ्या निष्कर्ष निकालता है । सत्य प्रस्थापना है : यदि कोई वस्तु ज्ञात न हो तो हम उसे नहीं खोज सकते । आत्मनिष्ठ विचारवादी इससे यह निष्कर्ष निकालते हैं कि ज्ञात वस्तु के लक्षण इसके संज्ञान पर निर्भर होते हैं । इस दिशा में एक कदम और आगे जाने पर जो प्रस्थापना मिलती है वह यह है कि वस्तुओं का अस्तित्व केवल तभी होता है जब वे ज्ञात हों । यथार्थवादियों का कहना है कि यह निष्कर्ष प्रामाणिक नहीं है । केवल इतना कहना उचित होगा कि "समस्त ज्ञात वस्तुएं ज्ञात होती हैं ।" किंतु यह तो एक घिसी-पिटी उक्ति है जिसमें कोई नई बात नहीं कही गई है ।

'आइडिया' शब्द के अस्पष्ट प्रयोग में विचारवादी भी इसी प्रकार की भूल करते हैं । यह तर्क कि हम केवल अपने ही विचारों को जान सकते हैं, न्यायसंगत रूप में निम्न प्रकार प्रस्तुत किया जा सकता है :

विचारों या प्रत्ययों में यह क्षमता नहीं है कि वे मन से अलग अस्तित्वमान हों । भौतिक पदार्थ, जहां तक वे संज्ञात होते हैं, प्रत्यय होते हैं । अतः समस्त भौतिक पदार्थ मन से अलग रहकर (अर्थात् अपने प्रत्यय से भिन्न किसी अन्य रूप में) अस्तित्वमान रहने में असमर्थ होते हैं ।

'आइडिया' शब्द के प्रयोग में एक प्रकार की अस्पष्टता निहित है । मुख्य रूप से इसमें संज्ञान अथवा प्रत्यक्ष की ध्वनि होती है । किंतु प्रत्यक्ष की क्रिया और जिस वस्तु का प्रत्यक्ष किया जाता है, दोनों कभी एक नहीं हो सकते । उचित रूप से केवल इतना कहा जा सकता है कि किसी वस्तु का संज्ञान प्रत्यय के रूप में ही होता है । किंतु इसका तात्पर्य यह नहीं है कि वस्तु का अस्तित्व ही उसका संज्ञान होने पर आश्रित है ।

यद्यपि ये तर्क आत्मनिष्ठ विचारवाद के विरुद्ध पर्याप्त भारी सिद्ध हो सकते हैं, फिर भी वे सर्वव्यापक हेगेलीय विचारवाद को अधिक प्रभावित करते प्रतीत नहीं होते । परम विचारवाद के विरुद्ध सामान्यतः जो तर्क दिए जाते हैं उनकी प्रकृति निम्न प्रकार की होती है : (1) तर्कशास्त्र, गणितशास्त्र एवं भौतिक विज्ञानों में अध्ययन के विषय मानसिक नहीं होते । (2) उनका अस्तित्व किसी भी अर्थ में उनके संज्ञान पर आश्रित नहीं होता । (3) वस्तुएं बदल सकती हैं अथवा संज्ञान के बिना भी अस्तित्वमान हो सकती हैं । संज्ञाता मन एवं संज्ञात वस्तु के बीच विद्यमान

संज्ञान-संबंध वस्तु के अस्तित्व की सत्यता के लिए अनावश्यक है। सच यह है कि विषयी तभी विषयी है जब उसे विषय का संज्ञान हो। इन तर्कों में कुछ को तो वह वस्तुनिष्ठ विचारवाद भी मान लेगा बशर्ते यह माना जाए कि विषयी और विषय, दोनों ही परम सत्ता के आविर्भाव हैं। इस संदर्भ में ध्यान देने योग्य बात यह है कि भारतीय तर्कशास्त्र में न्याय दर्शन भी संज्ञान की स्थिति में विषयी के स्थान पर विषय पर ही अधिक बल देता है। यथार्थवादी तत्वमीमांसा को ज्ञानमीमांसा से 'मुक्त' कराने का भी प्रयास करता है। उसका तर्क यह है कि वस्तु के संज्ञात होने अथवा न होने का प्रश्न किसी भी स्थिति में विषय की सत्ता को प्रभावित नहीं करता, सिवा इस घिसी-पिटी उक्ति के कि जब किसी वस्तु का संज्ञान होता है तब वह ज्ञात होती है।

यथार्थवादी सामान्यतः प्रत्यक्ष के सिद्धांत पर बल देते हैं। उनका मुख्य प्रयास यह रहा है कि संज्ञान के विषय को संज्ञाता मन से अथवा संज्ञान-संबंध से स्वतंत्र रखा जाए यद्यपि वे दोष की यथार्थता को भी सदैव अस्वीकार नहीं करते। जी.ई. मूर इस प्रयास में निरंतर अग्रदूत रहे हैं और उन्होंने बड़ी लगन के साथ संसार की सामान्य-बुद्धि धारणा को स्थापित करने का प्रयत्न किया है। आरंभ में बरट्रेंड रसल के चिंतन की भी यही दिशा रही जैसाकि उनकी रचना *दि प्राबलम्स आफ नालेज* (1922) से स्पष्ट है। किंतु बाद में धीरे-धीरे यह दिशा बदलती गई जैसाकि उनकी रचनाओं *अवर नालेज आफ दि एक्सटर्नल वर्ल्ड* (1914) और *दि एनालिसिस आफ माइंड* (1921) से प्रकट है। उन्होंने ऑकम के लाघव न्याय (ऑकम्स रेजर) के सिद्धांत को प्रयुक्त करके परम सत्ताओं की संख्याओं को यथासंभव घटाने का प्रयास किया किंतु अपनी यथार्थवादी मान्यताओं को कभी नहीं छोड़ा। इस अध्याय के अंत में हम उन पर विचार करेंगे।

प्रत्यक्ष संबंधी यथार्थवादी धारणाओं को मोटेतौर पर तीन प्रकारों में बांटा जा सकता है : (1) पहली धारणा प्रत्यक्ष की स्थिति में तीन तत्वों को स्वीकार करती है, (2) दूसरी धारणा दो को और (3) तीसरी धारणा ऐसे केवल एक तत्व को स्वीकार करती है। इन्हें प्रत्यक्षमूलक ज्ञान का क्रमशः त्रितत्वीय, द्वितत्वीय और एकतत्वीय विश्लेषण कहा जाता है। अपने अंतिम विकास में रसल ऐसे ही एकतत्वीय विश्लेषण की धारणा प्रस्तुत करते हैं। कुछ अन्य विचारक भी जिन्हें सामान्यतः नव्य-यथार्थवादी कहा जाता है, ऐसी ही धारणा रखते हैं।

(1) यद्यपि अनेक यथार्थवादियों ने त्रितत्वीय विश्लेषण का समर्थन किया है परंतु इसका श्रेय सामान्यतः आस्ट्रियाई विचारक मायनोंग को दिया जाता है। किसी भी वस्तु के प्रत्यक्ष की स्थिति में तीन तत्व विद्यमान होते हैं—विचार की क्रिया, क्रिया की अंतर्वस्तु और पदार्थ। प्रत्यक्ष की प्रत्येक स्थिति में क्रिया एक ही प्रकार की चेतनावाली होती है; किंतु अंतर्वस्तु वस्तुओं की विभिन्नता के अनुरूप बदल जाती है। जब मैं कलम अथवा कागज का प्रत्यक्ष करता हूं तो दोनों ही स्थितियों में क्रिया एक ही प्रकार की होती है।

किंतु एक स्थिति में अंतर्वस्तु कलम है जबकि दूसरी स्थिति में वह कागज है। फिर भी अंतर्वस्तु पदार्थ से, जो प्रत्यक्षकारी चेतना नहीं होता, भिन्न होती है। पदार्थ विचार के बिना भी अस्तित्वमान हो सकता है किंतु अंतर्वस्तु नहीं हो सकती।

इस सिद्धांत को मानने में अनेक कठिनाइयां हैं। सर्वप्रथम, विचार की क्रिया को इसकी अंतर्वस्तु से भिन्न करना कठिन है। इसमें भी संदेह है कि क्या किसी अंतर्वस्तु के बिना शुद्ध विचार का अस्तित्व संभव है। फिर, इस प्रश्न का भी कोई संतोषजनक उत्तर नहीं दिया जा सकता कि अंतर्वस्तु और पदार्थ के बीच क्या संबंध हो सकता है। अतः अधिकांश यथार्थवादी क्रिया और अंतर्वस्तु पर एक साथ विचार करना उचित समझते हैं और प्रत्यक्ष का द्वितत्वीय विश्लेषण ही प्रस्तुत करते हैं।

(2) प्रत्यक्ष में दो तत्व निहित होते हैं, इस धारणा की हिमायत अनेक यथार्थवादियों ने की है। इन विचारकों को नव-यथार्थवादी कहा जाता है और इनमें प्रमुख हैं प्रोफेसर एस.जे. एलेक्जेंडर (*स्पेस, टाइम एंड डिइटी* के रचयिता)। एलेक्जेंडर प्रत्यक्ष की स्थिति का निरूपण प्रत्यक्षकारी मन और पदार्थ के बीच एक सहोपस्थिति के रूप में करते हैं जिसमें मन पदार्थ की सहोपस्थिति का आस्वादन करता है।

इन यथार्थवादियों की मान्यता है कि भौतिक पदार्थ के प्रत्यक्ष में पदार्थ और प्रत्यक्षकारी मन के बीच दोहरा संबंध होता है : पदार्थ प्रत्यक्ष के लिए उद्दीपक भी होता है और प्रत्यक्ष की प्रकृति या अंतर्वस्तु को भी निर्धारित करता है। पदार्थ और संज्ञाता मन के बीच सीधा संबंध निम्न प्रकार से होता है। पदार्थ इंद्रिय को उत्तेजित करता है और यह उत्तेजन तंत्रिका प्रक्रिया द्वारा मस्तिष्क तक जाकर चेतना में प्रविष्ट हो जाता है। तब चेतना उत्तेजक का कार्य करनेवाले पदार्थ पर केंद्रित होती है और यह उत्तेजक पदार्थ ही चेतना की अंतर्वस्तु भी होता है। प्रत्यक्षकारी मन शुद्ध रूप से निष्क्रिय नहीं रहता। यह सक्रिय होता है और इसकी सक्रियता मुख्यतः इस बात में होती है कि यह वरण करता है। यह वरण भी प्रत्यक्षकारी मन की रुचि से ही निर्धारित होता है। लाल रंग का गुलाब कलाकार, आम आदमी, रंगांध व्यक्ति और वनस्पतिशास्त्री को विभिन्न रूपों में दिखाई देगा। फिर भी लाल गुलाब तो लाल गुलाब ही रहता है यद्यपि विभिन्न व्यक्ति उसे अपनी-अपनी रुचि के अनुसार विभिन्न रूपों में देखते हैं।

इस सिद्धांत का गुण यह है कि यह पदार्थ की स्वतंत्रता को भी बनाए रखता है और इसमें विभिन्न अनुभवकर्ताओं के प्रत्यक्ष की विशेषताओं के लिए भी स्थान रहता है। किंतु मुख्य समस्या भ्रांतिपूर्ण प्रत्यक्ष की है जिसका उचित समाधान इस सिद्धांत में नहीं मिलता। वस्तुतः भ्रांतिपूर्ण एवं भ्रामक प्रत्यक्ष की समस्या सभी प्रकार के यथार्थवादी सिद्धांतों पर प्रेत-छाया की भांति मंडराती रहती है। एलेक्जेंडर भ्रांतिपूर्ण प्रत्यक्ष की समस्या का समाधान भारतीय न्याय दर्शन की भांति करने का प्रयास करते हैं। उनकी मान्यता है कि अपनी समुचित देश-काल स्थिति में प्रत्यक्ष किए गए पदार्थ का प्रत्यक्ष तथ्यानुकूल होता है जबकि विद्यमान स्थिति में किसी भिन्न देश-काल

स्थिति की वस्तु भ्रम होगी। किंतु इससे समस्या का समाधान नहीं होता। आइए, इस व्याख्या का परीक्षण हम भारतीय ज्ञानमीमांसा में दिए गए रज्जु-सर्प भ्रांति के उदाहरण द्वारा करने का प्रयास करें। यदि सर्प को सर्प के रूप में ही देखा जाए तो यह सच्चा प्रत्यक्ष होगा, किंतु यदि रस्सी के टुकड़े को सर्प के रूप में देखा जाए तो वह भ्रांतिपूर्ण प्रत्यक्ष होगा। एलेक्जेंडर के पास इसकी क्या व्याख्या है ? उनकी व्याख्या का सार यह है कि किसी अन्य देश-काल स्थिति का सर्प, उदाहरण के लिए किसी अन्य समय जंगल में देखा गया सर्प किसी तरह उस समय देखनेवाले की देश-काल स्थिति में उस रस्सी के स्थान पर स्थानांतरित (विपर्यस्त) हो जाता है जो वास्तव में वहां है। न्याय दर्शन भी लगभग यही व्याख्या देता है—यहां रस्सी के स्थान पर 'देशांतरीय-कालांतरीय सर्प' (भिन्न देश-काल स्थिति का सर्प) देखा गया है। यदि सर्प को सर्प के ही रूप में देखा जाए तो वह सच्चा प्रत्यक्ष है और यदि रस्सी को रस्सी के रूप में देखा जाए तो यह भी सच्चा प्रत्यक्ष है। किंतु वास्तव में होता यह है कि होता तो रस्सी का टुकड़ा है किंतु वह सर्प दिखाई देता है। प्रश्न यह है कि एक भिन्न देश-काल स्थिति का सर्प यहां इस समय कैसे स्थानांतरित हो गया ? यदि बात भौतिक स्थानांतरण अथवा विपर्यास की हो तो वहां वास्तविक सर्प होगा और उसी का प्रत्यक्ष भी होगा। यह सच्च प्रत्यक्ष है। एकमात्र दूसरी संभावना यह है कि सर्प के स्थानांतरण अथवा विपर्यास का यह व्यापार मानसिक है और इस स्थिति में देखा गया सर्प भी मन की उपज होगा। इस स्थिति में तो यथार्थवाद रह ही नहीं जाएगा। यथार्थवाद की रक्षा करने के लिए कुछ विचारकों (नव-यथार्थवादियों) ने तो यह अतिवादी (यहां तक कि हास्यास्पद) दृष्टिकोण भी अपना लिया कि जो कुछ भी प्रत्यक्ष है वह वास्तविक है और वह 'है'। अतः सर्प को सर्प के रूप में देखना, रस्सी को रस्सी के रूप में देखना अथवा रस्सी को भी सर्प के रूप में देखना, ये सभी सच्चे प्रत्यक्ष हैं। इस तर्क द्वारा यथार्थवाद की रक्षा भले ही की जा सके किंतु सत्य और मिथ्या प्रत्यक्ष के भेद का उपहास करके ही ऐसा संभव है। परंतु यह स्वीकार्य नहीं है।

यथार्थवाद की इन कमियों का तात्पर्य यह नहीं है कि इस दिशा में ज्ञानमीमांसी अथवा आत्मनिष्ठ विचारवाद की प्रगति अधिक संतोषजनक है। सत्य और मिथ्यात्व के भेद की व्याख्या ऐसे सिद्धांत में भी करना सहज नहीं है जिसमें सत्य / तथ्यानुकूल और मिथ्या, दोनों ही प्रकार के प्रत्यक्ष की वस्तुएं मन पर आश्रित हों तथा पूर्ण अथवा आंशिक रूप से मन द्वारा निर्मित हों। अतः यह नहीं जाना जा सकता कि कौन-सा प्रत्यक्ष सत्य है और कौन-सा मिथ्या है।

इन दोनों सिद्धांतों (यथार्थवाद और विचारवाद) की कमियों से यह निष्कर्ष नहीं निकाला जाना चाहिए कि सत्य और मिथ्यात्व के भेद को ही मिटा दिया जाए। चिंतन की इन दोनों धाराओं ने अपने-अपने सिद्धांतों में सुधार करने का प्रयास किया है और

उन्हें इस सीमा तक परिष्कृत किया है कि ये अपने सिद्धांतों के अंतर्गत आनेवाले सभी आधारभूत सूत्रों को संतोषजनक बनाने में सक्षम हुए। यथार्थवाद के सुधार एवं परिष्कार का एक ऐसा ही प्रयास कुछ विचारकों ने किया जिन्हें सामान्यतः समालोचनात्मक यथार्थवादी कहा जाता है। समालोचनात्मक यथार्थवाद के साथ जिन सात विचारकों का नाम जुड़ा है वे हैं—ड्रेक, लवजॉय, प्रैट, रोजर्स, सांतयाना, सेलर्स और स्ट्रांग।

3

समालोचनात्मक यथार्थवाद

उपर्युक्त विवेचना में हमने देखा कि यथार्थवाद की विभिन्न धाराएं मुख्य रूप से भ्रम की स्वीकार्य व्याख्या देते हुए यथार्थवादी दृष्टिकोण स्थापित करने का प्रयास करती हैं। यह भी बताया गया कि इस लक्ष्य को प्राप्त करने के लिए कुछ नव-यथार्थवादियों (अमरीकी यथार्थवादियों) ने अतिवादी दृष्टिकोण अपनाया। चूंकि समालोचनात्मक यथार्थवाद इस नव-यथार्थवादी दृष्टिकोण के विरुद्ध एक प्रतिक्रिया भी है, अतः इस संदर्भ में नव-यथार्थवाद की संक्षिप्त विवेचना उपयुक्त होगी।

नव-यथार्थवाद की मान्यता केवल यही नहीं है कि संज्ञान की वस्तु संज्ञान-स्थिति से पूर्णतः स्वतंत्र है अपितु यह भी है कि संज्ञात रूप में वस्तु और स्वयं वस्तु में पूर्ण एकत्व होता है। किंतु तब भ्रांतिपूर्ण प्रत्यक्ष के संबंध में क्या कहा जाए? मुख्य रूप से दो नव-यथार्थवादी विचारकों ने भ्रांतिपूर्ण प्रत्यक्ष की व्याख्या करने का बीड़ा उठाया। ये विचारक हैं डब्ल्यू.पी. मांटेग्यू और ई.बी. होल्ट। मांटेग्यू ने अपने निबंध 'ए रियलिस्टिक थियरी आफ ट्रूथ एंड एरर' में और होल्ट ने 'दि प्लेस आफ इल्यूजरी एक्सपेरिएंस इन रियलस्टिक वर्ल्ड' में इस समस्या का गहन विवेचन किया है। विशेष रूप से होल्ट एक अतिवादी दृष्टिकोण अपनाते हैं और यह दर्शाने का प्रयास करते हैं कि किसी भी प्रकार के भ्रम से किसी आत्मनिष्ठ व्याधि अथवा शरीरक्रियात्मक विकृति का भी अस्तित्व सिद्ध नहीं होता। वस्तु के तथाकथित लक्षणों का कारण मानसिक रचना नहीं है अपितु वे तो वस्तुनिष्ठ संसार के तथ्य हैं। सामान्यतः यह माना जाता है कि वस्तु के कुछ परिवर्तनीय लक्षण होने चाहिए (होल्ट के शब्दों में 'वस्तु की ईंट-जैसी ठोस धारणा') जिनसे उस वस्तु की पहचान होती हो। किंतु आवश्यक नहीं कि यह सामान्य धारणा सत्य ही हो। वस्तु में परस्पर विरोधी लक्षण हो सकते हैं और संज्ञाता की इंद्रियां किन्हीं परिस्थितियों में तो इनमें से कुछ लक्षणों को चुनती हैं तो अन्य परिस्थितियों में कुछ अन्य लक्षणों को। अतः यह कोई आश्चर्य की बात नहीं कि विशेष परिस्थितियों में 'सीधी छड़ी' मुड़ी हुई प्रतीत होती है (जब उसे पानी में डुबोया जाता है)। बात केवल इतनी है कि छड़ी का वह विशेष भाग एक ही साथ सीधा और मुड़ा हुआ दिखाई नहीं देता।

होल्ट इस प्रश्न का बड़ा दिलचस्प उत्तर देते हैं कि एक ही वस्तु के ये दोनों आभास

कैसे सत्य हो सकते हैं। दोनों सत्य नहीं हैं किंतु दोनों वस्तुनिष्ठ हैं। उनकी मान्यता है कि वस्तुनिष्ठ होना और सत्य होना एक ही बात नहीं है। दर्पण में बना बिंब वस्तुनिष्ठ होता है, सत्य नहीं, किंतु यह आत्मनिष्ठ भी नहीं होता। होल्ट बड़े श्रमपूर्वक यह दर्शाने का प्रयास करते हैं कि कोई भी त्रुटि आत्मनिष्ठ नहीं होती। त्रुटियों की प्रतीति भौतिक एवं शरीरक्रियात्मक परिस्थितियों के अनुकूल संयोजन के माध्यम से होती है—और इस प्रतीति में अथवा भ्रामक प्रतीति में भी कुछ आत्मनिष्ठ नहीं होता। होल्ट का निष्कर्ष है कि चेतना की समस्त अंतर्वस्तुएं संसार की वस्तुएं होती हैं, यद्यपि इनमें सभी सत् नहीं होतीं। उनका कथन है : "यथार्थवाद का सार इस बात पर बल देना नहीं है कि प्रत्येक वस्तु सत् है अपितु इसके विपरीत यह है कि प्रत्येक विद्यमान वस्तु है और जैसी है वैसी है।"[2] ··· "प्रत्येक अंतर्वस्तु चाहे वह पद हो अथवा प्रस्थापना, सत् हो या असत्, सत्ता के सर्वव्यापक जगत में स्वयं अपने सहारे विद्यमान रहती है; उसकी भी वैसी ही सत्ता होती है जैसी किसी गणितीय या भौतिक पद की अथवा किसी प्रस्थापना की होती है, और इस सत्ता की प्रकृति आत्मनिष्ठ नहीं होती।"[3]

यह एक अतिवादी दृष्टिकोण है जो एक विशिष्ट प्रकार की सत्तामीमांसा की ओर ले जाता है जिसमें सत्य और मिथ्यात्व के बीच का ज्ञानमीमांसी भेद मिटता प्रतीत होता है। स्वाभाविक है कि अन्य नव-यथार्थवादी विचारक इस दृष्टिकोण को अपनाने में संकोच अनुभव करते हैं। मांटेग्यू होल्ट के इस मुख्य दावे को अस्वीकार करते हैं कि "अंतर्विरोध वस्तुनिष्ठ होते हैं और उनमें उसी प्रकार का संबंध होता है जैसाकि विरोधी शक्तियों के बीच होता है।" इसके स्थान पर मांटेग्यू त्रुटिपूर्ण प्रत्यक्ष की अपनी व्याख्या प्रस्तुत करते हैं। वह व्याख्या वे 'ज्ञानमीमांसी त्रिकोण' के माध्यम से प्रस्तुत करते हैं। प्रत्यक्ष की किसी भी स्थिति के तीन कोण हैं : (अ) प्रत्यक्ष की जानेवाली वास्तविक वस्तु, (ब) इसके द्वारा उत्पन्न मस्तिष्कीय दशा, और (स) वस्तु जैसाकि उसका प्रत्यक्ष किया गया है। इस दूसरे कोण में तीसरा कोण भी निहित है। सच्चे प्रत्यक्ष की सामान्य स्थितियों में (अ) (ब) को जन्म देता है और उनका परिणाम (स) तथ्यानुकूल प्रत्यक्ष होता है। किंतु किन्हीं परिस्थितियों में (ब) अन्य कारणों से भी उत्पन्न हो सकता है और ऐसी स्थितियों में होनेवाला प्रत्यक्ष त्रुटिपूर्ण होता है। मांटेग्यू की मान्यता है : "दूसरे शब्दों में, त्रुटि का स्रोत कारणों की विविधता में एवं कार्यों के प्रतिकर्म में होता है।"[4]

इस प्रकार हम देखते हैं कि यद्यपि नव-यथार्थवादी विचारक विभिन्न व्याख्याएं प्रस्तुत करते हैं, फिर भी भ्रांतिपूर्ण प्रत्यक्ष के संबंध में जीववैज्ञानिक तत्व पर वे समान रूप से बल देते हैं। इनके सुझाव दिलचस्प हैं किंतु उनमें इस बात की उपेक्षा की गई है कि सत्य और मिथ्यात्व मुख्य रूप से ज्ञानमीमांसी / तर्कशास्त्रीय धारणाएं हैं और इनके स्रोत को मात्र जीववैज्ञानिक तत्वों में खोजने और यथार्थवाद की रक्षा के लिए किसी भी आत्मनिष्ठ हस्तक्षेप से कतराने से समस्या का हल नहीं हो जाता। इससे तो एक नया आयाम मात्र जुड़ता है लेकिन विवाद का निर्णय यथार्थवाद के पक्ष में नहीं होता। समालोचनात्मक

यथार्थवादियों ने इस ज्ञानमीमांसी समस्या को जीववैज्ञानिक महत्व प्रदान किए जाने पर गंभीर आपत्ति की है और नव-यथार्थवाद की प्रतिक्रिया में अपना एक सिद्धांत प्रतिपादित किया है।

दि एसेज इन क्रिटिकल रियलिज्म को सात अमरीकी विचारकों ने संयुक्त रूप से लिखा है। (इन विचारकों की चर्चा पहले की जा चुकी है।) ये निबंध होल्ट एवं मांटेग्यू के नव-यथार्थवाद से असहमति प्रकट करने के लिए और इसके विरुद्ध प्रतिक्रियास्वरूप लिखे गए हैं। इनमें सामान्यतः यथार्थवादी दृष्टिकोण की रक्षा के लिए रचनात्मक सुझाव दिए गए हैं और इस बात का विशेष प्रयत्न किया गया है कि भ्रांतिपूर्ण एवं ऐसे ही अन्य प्रत्यक्षों की संतोषजनक व्याख्या की जाए। ज्ञानमीमांसी विचारवाद एवं नव-यथार्थवाद के दोषों से बचने के लिए समालचोनात्मक यथार्थवादी ज्ञान का त्रितत्वीय विश्लेषण प्रस्तुत करते हैं। समालोचनात्मक यथार्थवाद का विशिष्ट लक्षण उन वस्तुओं की प्रकृति संबंधी धारणा में निहित है जो प्रत्यक्ष की आधार-वस्तुएं होती हैं। यह दृष्टिकोण यथार्थवाद के उन सभी प्रकारों से भिन्न है जिनका विवेचन हमने अब तक किया है। साथ ही यह ज्ञानमीमांसी विचारवाद से भी भिन्न है।

समालोचनात्मक यथार्थवाद यह दर्शाने का प्रयास करता है कि ज्ञान का संज्ञान की वस्तु और संज्ञाता मन पर आधारित द्वितत्वीय विश्लेषण अनेक दुर्गम बाधाओं से ग्रस्त है। (1) कोई वस्तु एक ही समय दो चेतनाओं में स्थित नहीं हो सकती। (2) विज्ञान बताता है कि वस्तु को सीधे नहीं देखा जाता। वस्तु जीव की काया को संकेत भेजती है जो ग्रहण किए जाते हैं। इस प्रकार प्रत्यक्ष की आधार-सामग्री एक संकेत होती है जो प्रायः भौतिक वस्तु द्वारा भेजा जाता है। (3) एक ही वस्तु को विभिन्न व्यक्ति विभिन्न रूपों में अनुभव करते हैं लेकिन ये सभी रूप सत्य नहीं हो सकते। ऐसी स्थिति में त्रुटि की संभावना नहीं होती। अतः प्रत्यक्ष की स्थिति में एक और घटक का होना आवश्यक है और यह घटक न तो संपूर्ण भौतिक वस्तु या उसका अंश हो सकता है और न ही देखनेवाले के मन की दशा। समालोचनात्मक यथार्थवादी मानते हैं कि प्रत्यक्ष की यह आधारवस्तु एक लक्षण-संग्रंथि अथवा सारतत्व है जो प्रत्यक्ष का तीसरा घटक है। यह वस्तु और प्रत्यक्षकर्ता मन से ऊपर होता है।

प्रत्यक्ष की प्रक्रिया निम्न प्रकार से होती है। कोई वस्तु 'व' किसी सचेतन काया 'क' के संपर्क में आती है। 'व' अपना प्रभाव 'क' पर डालता है और यह प्रभाव सहैतुक होता है। अन्य बातों के साथ ही यह कतिपय लक्षण-संग्रंथियों 'ल' का आभास उत्पन्न करता है। ये 'ल' ही प्रत्यक्ष की आधार-सामग्री हैं। इस प्रकार प्रत्यक्ष का अर्थ संसार में एक अस्तित्व के निहित गुणारोप के साथ पूर्णतः बाहर स्थित लक्षण-संग्रंथियों की कल्पना करना है। यदि प्रत्यक्ष तथ्यानुकूल है तो इसका अर्थ यह हुआ कि लक्षण-संग्रंथियां 'ल' यथार्थ रूप में वस्तु 'व' की हैं। यदि यह सत्य नहीं है तो इसका अर्थ यह हुआ कि 'ल' का 'व' से संबंध नहीं है। किंतु

यह संबंध भी आलंकारिक है। लक्षण-संग्रंथियां कुछ और नहीं अपितु वस्तु के प्रक्षेपण होती हैं और उनका अस्तित्व मात्र तार्किक होता है। वे वास्तव में बदलती नहीं हैं। सांतयाना की लक्षण-संग्रंथियां अथवा तत्व लगभग प्लेटो के रूपों की भांति हैं जिनकी स्वतंत्र सत्ता होती है। किंतु समालोचनात्मक यथार्थवादियों का दावा है कि सच्चे प्रत्यक्ष में लक्षण-संग्रंथियां और वस्तु के लक्षण एक ही होते हैं। इस प्रकार समालोचनात्मक यथार्थवाद आत्मनिष्ठ तत्व अथवा जीववैज्ञानिक तत्व को बीच में लाए बिना ही त्रुटि की व्याख्या करने का प्रयास करता है।

किंतु समालोचनात्मक यथार्थवाद की अनेक कठिनाइयां हैं। इनमें से कुछ कठिनाइयां तो स्वयं समालोचनात्मक यथार्थवादियों ने उत्पन्न की हैं। वे आधार-वस्तु की प्रकृति के संबंध में, जोकि उनके सिद्धांत का प्रमुख लक्षण है और इसके लिए अत्यावश्यक है, विभिन्न दृष्टिकोण अपनाते हैं। कुछ यथार्थवादी आधार-वस्तु को स्वयं-अस्तित्वमान तर्कसंगत इकाई मानते हैं जो 'बस है' और जिसे प्रत्यक्षकर्ता का भ्रमणशील मन पा लेता है, तो कुछ अन्य यथार्थवादियों के लिए आधार-वस्तु मात्र एक मानसिक प्रक्षेपण है जो 'बस है' नहीं अपितु काल्पनिक है। यह हमारी मानसिक दशाओं में घटनेवाली घटनाओं के कारण प्रकट होता है। ये दोनों ही दृष्टिकोण यथार्थवाद के लिए घातक हैं। इनमें से पहला दृष्टिकोण तो प्रत्यक्ष को एक संयोग बना देता है जिसमें 'व' और 'ल' के बीच सारे संपर्क लुप्त हो जाते हैं। दूसरा दृष्टिकोण आत्मनिष्ठ विचारवाद के इतना निकट है कि दोनों में भेद करना कठिन हो जाता है। समालोचनात्मक यथार्थवाद में ऐसी कुछ अन्य त्रुटियां भी हैं।

जिस प्रकार तीन तत्वों अथवा घटकों (वस्तु, प्रत्यक्षकारी मन और आधार-वस्तु) के माध्यम से प्रत्यक्ष का विश्लेषण किया जाता है वह वस्तु के किसी भी प्रकार के संज्ञान को असंभव बना देता है। चूंकि हमें सदैव वस्तु का नहीं बल्कि आधार-वस्तु का ही संज्ञान होता है जो हमें सीधे मिलता है, इसलिए हमारे लिए यह जानना असंभव होता है कि आधार-वस्तु उसी वस्तु की है अथवा नहीं। सच तो यह है कि वस्तु अनावश्यक हो जाती है। और फिर सत्य और मिथ्या प्रत्यक्ष में भेद करना भी संभव नहीं होता क्योंकि हमें वस्तु का प्रत्यक्ष संज्ञान कभी नहीं होता। यह देकार्त और लॉक के प्रतिनिधानवादी यथार्थवाद की भांति है और इसमें इस सिद्धांत की समस्त त्रुटियां हैं।

समालोचनात्मक यथार्थवाद की मान्यता यह है कि प्रत्यक्ष इस कारण होता है कि कोई कल्पित वस्तु प्रत्यक्षकर्ता के मस्तिष्क पर प्रभाव डालती है। इसके परिणामस्वरूप मस्तिष्क कुछ लक्षणों को उस वस्तु के प्रत्यक्ष की आधार-वस्तुओं के रूप में प्रक्षेपित अथवा कल्पित करता है। अतः जहां कोई ऐसा प्रभाव नहीं होता वहां आधार-वस्तुएं भी नहीं हो सकतीं। यह स्पष्ट नहीं होता कि इस सिद्धांत से हमें भ्रांतिपूर्ण प्रत्यक्ष की व्याख्या करने में अथवा भ्रांतिपूर्ण और सत्य प्रत्यक्ष के बीच भेद करने में क्या सहायता

मिल सकती है। उन लक्षणों के संबंध में क्या कहा जाए जो कभी तो वस्तु के लक्षण नहीं होते और कभी होते हैं ? अंतिम विश्लेषण में तो सत्य और मिथ्यात्व का भेद अरक्षणीय हो जाता है।

उपरोक्त विवेचना से यह निष्कर्ष निकलता है कि संज्ञान के त्रितत्वीय विश्लेषण का सहारा लेकर यथार्थवाद की रक्षा नहीं की जा सकती। इससे या तो कांटवादी विचारवाद का मार्ग प्रशस्त होगा या बर्कले के आत्मनिष्ठ विचारवाद का और हम अहंमात्रवाद की हास्यास्पद स्थिति में पहुंच जाएंगे। यथार्थवाद को मान्य बनाने का सर्वोत्तम उपाय यह है कि किसी प्रकार उस वस्तु के प्रत्यक्ष ज्ञान को स्थापित किया जाए जिससे प्रत्यक्ष की आधार-वस्तुओं का निर्माण होता है। किंतु यह विकट समस्या बनी ही रहती है कि भ्रम की व्याख्या कैसे की जाए। भारतीय दर्शनशास्त्र की विभिन्न प्रणालियों में भी भ्रम की व्याख्या के लिए यथार्थवाद के सभी भेद और विभिन्न प्रकार के ख्यातिवाद देखने को मिलते हैं। इनमें से प्रत्येक दृष्टिकोण अत्यंत दिलचस्प और सूक्ष्म तार्किक युक्तियों से समृद्ध है। किंतु इनमें से कोई एक या समस्त युक्तियां यथार्थवाद के पक्ष को असंदिग्ध रूप से स्थापित नहीं कर सकीं। किंतु इसका तात्पर्य यह नहीं कि ज्ञानमीमांसी विचारवाद एक पर्याप्त और संशोधित सिद्धांत है। इसमें भी अनेक दुर्गम कठिनाइयां हैं जैसाकि ऊपर दर्शाया जा चुका है।

4

बरट्रेंड रसल के दृष्टिकोण की विशेष विवेचना की आवश्यकता है। जैसाकि पहले कहा जा चुका है, वे विचारवाद के आलोचकों एवं यथार्थवाद के समर्थकों में विशिष्ट स्थान रखते हैं। उनकी यथार्थवादी मान्यता का सर्वोत्तम सरल उदाहरण उनकी रचना *दि प्राबलम्स आफ फिलासफी* (1912) में मिलता है। इसमें वे साक्षात ज्ञान और वर्णन-ज्ञान के बीच महत्वपूर्ण भेद करते हैं। साक्षात ज्ञान की स्थिति में हम वस्तुओं को प्रत्यक्ष रूप से जानते हैं और इसमें सत्य के अनुमान या संज्ञान की कोई प्रक्रिया नहीं होती। उदाहरण के लिए, जब हम किसी कलम को देखते हैं तो यह कलम नहीं है जिसे हम प्रत्यक्ष रूप से देख रहे होते हैं अपितु विभिन्न इंद्रियों द्वारा अनेक संवेद्य आधार-वस्तुओं का प्रत्यक्ष कर रहे होते हैं, जैसे कठोरता, गोलाई, चिकनापन या कालापन इत्यादि। कलम का प्रत्यक्ष सीधे नहीं होता। इसका संज्ञान वर्णन-ज्ञान के माध्यम से होता है। समस्त वर्णन-ज्ञान में सत्य का कुछ न कुछ ज्ञान अवश्य रहता है। सत्यों के इस ज्ञान में 'सामान्यों' (जैसा रसल उन्हें कहते हैं) का कुछ साक्षात ज्ञान भी निहित रहता है। ये 'सामान्य' संवेद्य आधार-वस्तुओं से भिन्न होते हैं। *दि प्राबलम्स आफ फिलासफी* में रसल चार प्रकार की सत्ताओं को मानते हैं : (क) संज्ञाता मन, (ख) साक्षात ज्ञान द्वारा संज्ञात संवेद्य आधार-वस्तुएं, (ग) साक्षात ज्ञान द्वारा संज्ञात सामान्य, (घ) भौतिक पदार्थ जिनका संज्ञान वर्णन-ज्ञान द्वारा होता है।

किंतु वे इस स्थिति पर बहुत समय तक नहीं बने रहते और शीघ्र ही निर्ममतापूर्वक लाघव-न्याय[5] प्रयुक्त करने लगते हैं। अपनी रचना *अवर नालेज आफ दि एक्सटर्नल वर्ल्ड* (1914) में रसल इस समस्या के प्रति एक पूर्णतः भिन्न दृष्टिकोण अपनाते हैं और केवल उन्हीं सत्ताओं को स्वीकार करते हैं जिन पर संदेह नहीं किया जा सकता। उनका विचार है कि भौतिक वस्तुएं विभिन्न व्यक्तियों को विभिन्न रूपों में दिखाई देती हैं और यह या तो आत्मनिष्ठ विचारवाद की ओर ले जाता है या कांट के अज्ञेयवाद की ओर। इस समस्या से बचने के लिए रसल तथाकथित भौतिक वस्तुओं का ही विलोप कर देते हैं। उनकी मान्यता है कि बाह्य जगत संवेद्य आधार-वस्तुओं से निर्मित होता है जिनका ज्ञान हमें संवेदन में होता है जो कि मानसिक घटना होती है। अतः रसल भौतिक वस्तुओं का विलोप करके यह दृष्टिकोण अपनाते हैं कि ये वस्तुएं और कुछ नहीं अपितु विभिन्न मनों द्वारा आधार-वस्तुओं के क्षणिक संवेदन से की गई 'तार्किक रचनाएं' हैं। अतः एक ही वस्तु विभिन्न संवेदनशील व्यक्तियों को विभिन्न रूपों में दिखाई देती है और भ्रांतियों के समाधान के लिए भी यही व्याख्या प्रयुक्त की गई है।

'तार्किक रचना' की संक्षिप्त व्याख्या यहां आवश्यक है। किसी भी स्थान से संसार का परिदृश्य देखने को रसल 'परिप्रेक्ष्य' कहते हैं। यही परिदृश्य एक ऐसे स्थान से देखने पर जहां इंद्रियां हों, 'एक निजी संसार' कहलाता है। संसार के समस्त गोचर और अगोचर परिदृश्यों की समग्रता को रसल 'परिप्रेक्ष्यों की प्रणाली' कहते हैं। दैशिक सान्निध्य में दो व्यक्तियों का परिप्रेक्ष्य लगभग एक-सा होगा और उनका संयोजन करने पर लगभग एक ही वस्तु की रचना की जा सकती है।

अब भौतिक वस्तु की परिभाषा की जा सकती है। रसल के शब्दों में : "मान लीजिए कि किसी एक परिप्रेक्ष्य में कोई वस्तु है। यह वस्तु उस प्रणाली की है जिसमें सभी वस्तुएं सभी परिप्रेक्ष्यों में इस वस्तु के अनुरूप होती हैं। इस प्रणाली की पहचान क्षणिक सामान्य बोध की वस्तु के रूप में की जा सकती है। इस प्रकार किसी वस्तु का एक पक्ष 'पक्षों की उस प्रणाली' का भाग होता है और उस विशेष क्षण में वह वस्तु ही यह प्रणाली होती है।" फिर भी 'पक्ष' वस्तु नहीं है। पक्ष अर्थात् अमध्यस्थ अनुभव का पदार्थ संवेद्य आधार-वस्तुओं का समूह और वस्तु होता है। यह वस्तु और कुछ नहीं अपितु समस्त विभिन्न पक्षों अथवा संवेद्य आधार-वस्तुओं का समूह है जो समस्त संभव परिप्रेक्ष्यों में प्रकट होती है। यह वस्तु एक तार्किक रचना है, वास्तविक रूप से विद्यमान नहीं। इस दूसरी अवस्था में भौतिक वस्तु का लोप हो जाता है यद्यपि बाह्य जगत बना रहता है।

अपनी रचना *दि एनालिसिस आफ माइंड* (1921) में रसल निर्ममतापूर्वक लाघव-न्याय प्रयुक्त करके यह स्थापित करने का प्रयास करते हैं कि भौतिकी और मनोविज्ञान, दोनों विज्ञानों की अध्ययन-वस्तु एक ही है। ये दोनों ही विज्ञान सामान्य बोध के विषयों अर्थात् पदार्थ और मन का अध्ययन करते हैं।

रसल का कहना है कि भौतिकी की समकालीन प्रगति पदार्थ को कम भौतिक

दर्शाती है। आज भौतिकी पदार्थ को कठोर भौतिक वस्तुएं न मानकर एक ऐसे चतुर्आयामी सातत्य की वक्रताएं मानता है जिसमें भौतिक पदार्थों का विलय होता है। मनोविज्ञान की अद्यतन प्रगति की प्रकृति भी मन को कम मानसिक दर्शाने की है। व्यवहारवादी चिंतन के विभिन्न संप्रदाय मन की व्याख्या शरीरक्रियात्मक रूप से प्रेक्षणीय व्यवहारों के रूप में करते हैं। इस प्रकार भौतिकी और मनोविज्ञान, दोनों ही अपने विकास की प्रगतिशील अवस्थाओं में पदार्थ और मन के बीच की कठोर बाधा को तोड़ने में प्रवृत्त हैं और एक ऐसी सामान्य (साझी) वस्तु की खोज में हैं जो पदार्थ और मन, दोनों की व्याख्या करने के लिए पर्याप्त हो। रसल जगत की इस साझी वस्तु को 'उदासीन विशिष्टों' की संज्ञा देते हैं। ये विशिष्ट अपने-आपमें न तो 'भौतिक' होते हैं और न ही 'मानसिक', अपितु किसी एक संदर्भ में और विशेष रूप से संयोजित होने पर ये भौतिकी के अध्ययन की विषय-सामग्री होते हैं और किसी भिन्न संदर्भ एवं संयोजन में मनोविज्ञान की विषय-सामग्री हो जाते हैं। अतः जिसे हम 'मन' कहते हैं उसके तथा उस मन के सामने प्रस्तुत 'पदार्थ' के बीच जो अंतर है वह सत्व का अंतर न होकर संदर्भ और संयोजन का अंतर है। ऐसी स्थापना से निम्न निष्कर्ष निकलते हैं[6] :

(अ) किसी वस्तु का प्रत्यक्ष कुछ अन्य न होकर एक ऐसे स्थान पर उस वस्तु का आभास है जहां ज्ञानेंद्रियों एवं नाड़ियों से युक्त मस्तिष्क होता है जो मध्यवर्ती माध्यम का कार्य करता है।

(ब) वस्तु अन्य कुछ नहीं अपितु उन समस्त आभासों का योग है जिन्हें यह किसी विशेष क्षण में सब स्थानों पर प्रस्तुत करती है।

(स) मन भी अन्य कुछ नहीं अपितु अपने सभी आभासों का योग है जो एक ऐसे स्थान पर प्रस्तुत किए जाते हैं जहां ज्ञानेंद्रियों एवं नाड़ियों से युक्त मस्तिष्क होता है जो किसी विशेष क्षण में एक मध्यवर्ती माध्यम के अंश का कार्य करता है।

'उदासीन विशिष्टों' का यह प्रतिपादन एक अतिवादी धारणा है जो उस सामान्य बुद्धि के संसार से बहुत दूर है जो सहज यथार्थवाद का आरंभ-बिंदु है। यह यथार्थवाद एवं विचारवाद, दोनों पर ही घातक प्रहार है और दोनों के बीच के भेद को मिटा देता है। फिर भी रसल त्रुटिपूर्ण प्रत्यक्ष की समस्या का समाधान देने के उत्तरदायित्व से बच नहीं सकते। अपने-आपको विचित्र स्थिति में डाले बिना उनका 'उदासीन विशिष्टों' का सिद्धांत त्रुटि की कोई संतोषपूर्ण व्याख्या नहीं दे सकता।

रसल ठीक यही करते भी हैं। उनका साहसिक दावा है कि 'संवेदन की भ्रांति' जैसी कोई वस्तु नहीं होती। संवेदन की वस्तुएं अर्थात् संवेद्य आधार-सामग्रियां अगर स्वप्न में भी दिखाई देती हैं तो भी वे हमें ज्ञात सबसे अधिक वास्तविक वस्तुएं होती हैं। किंतु इससे भ्रम उत्पन्न होता है। चूंकि हम सत्य और मिथ्या प्रत्यक्ष के बीच भेद करने की स्थिति में ही नहीं होते इसलिए कि ज्ञानेंद्रियों के सम्मुख प्रस्तुत सभी आधार-सामग्रियां समान रूप से सत् होती हैं, अतः हम असत् पदार्थ और मन के संबंध अथवा किसी सत् पदार्थ और

प्रस्तुत संवेद्य आधार-सामग्रियों के संबंध के किसी भी विशेष लक्षण में असत्ता की कसौटी नहीं पा सकते। रसल का उत्तर है कि "संवेदन के पदार्थ तब 'सत्' होते हैं जब उनमें और संवेदन के अन्य पदार्थों में उस प्रकार का संबंध हो जिसे हम अनुभव से सामान्य मानते हों; जब ऐसा नहीं होता तब वे 'भ्रांतियां' कहलाते हैं।" इस प्रकार रसल यह स्थापित करने का प्रयास करते हैं कि भ्रांति संवेदन का पदार्थ नहीं है अपितु वह अनुमान है जिसे यह पदार्थ जन्म देता है। किंतु रसल यह नहीं बता पाते कि क्यों कुछ स्थितियों में ऐसा होता है और अन्य स्थितियों में नहीं होता। अतः रसल की परिष्कृत स्थापना भ्रम की समस्या का संतोषपूर्ण समाधान देने में अक्षम तो है ही, इसमें सहज यथार्थवाद को भी तिलांजलि दे दी गई है।

किंतु यह तो स्वीकार करना पड़ता है कि रसल ने एक अर्थपूर्ण, अंतर्दृष्टि-संपन्न दार्शनिक स्थापना प्रस्तुत की है और इससे यह निष्कर्ष निकाला जा सकता है कि कोई ऐसी नई स्थापना उभरकर सामने आ सकती है जो यथार्थवाद एवं विचारवाद के भेद को निरर्थक सिद्ध कर दे। दर्शनशास्त्र में ऐसा हुआ है और दर्शनशास्त्र ने ऐसी स्थापनाएं देकर प्रगति की है जो कभी तो बहुत दृढ़ और कभी पूर्णतः अनावश्यक और अप्रासंगिक प्रतीत होती हैं। अतः ज्ञानमीमांसी विचारवाद एवं यथार्थवाद के बीच किए जानेवाले इन प्रतिस्पर्धी दावों की सत्यता का निर्णय तो भविष्य ही कर सकता है। संभव है भविष्य में किसी ऐसी सत्तामीमांसा का उदय हो जो इस समस्या का अधिक संतोषजनक एवं व्यापक समाधान दे सके।

टिप्पणियां एवं संदर्भ

1. जी.ई. मूर, 'दि रेफ्यूटेशन आफ आइडियलिज्म', *माइंड* में प्रकाशित, 1903.
2. *दि न्यू रियलिज्म,* पृ. 359.
3. उपरोक्त, पृ. 366.
4. उपरोक्त, पृ. 398.
5. यह सिद्धांत है : "सत्ताओं की संख्या को अनावश्यक रूप से नहीं बढ़ाया जाना चाहिए।" इस सिद्धांत को ऑकम नाम के अंग्रेज धर्माचार्य के नाम पर Occam's razor नाम दिया गया है। उसने मध्ययुग में इस सिद्धांत का प्रतिपादन किया था।
6. सी.एफ. जोड, *इंट्रोडक्शन टु माडर्न फिलासफी,* आक्सफोर्ड यूनिवर्सिटी प्रेस, लंदन, 1924.

अध्याय 3

नव्यविचारवाद : क्रोचे और जांतील

1

हेगेलीय दर्शनशास्त्र के जो विभिन्न रूप विकसित हुए उनमें इतालवी रूप विशेष महत्वपूर्ण है। दो इतालवी दार्शनिक बेनेदेतो क्रोचे और गियोवानी जांतील विशेष रूप से उल्लेखनीय हैं क्योंकि उन्होंने हेगेलीय दर्शनशास्त्र पर अपनी प्रतिभा की छाप तो डाली ही, शुद्ध इतालवी प्रभाव डालकर उसे अत्यंत विशिष्ट भी बना दिया। उनका विशिष्ट इतालवी दृष्टिकोण इस बात में दिखाई देता है कि वे कला और इतिहास के महत्व पर बहुत बल देते हैं। कला और इतिहास पर बल देना इतालवी चिंतन की परंपरा रही है और इसका स्रोत विको, स्पावेंता और सानेतिस जैसे पहले के इतालवी चिंतकों में खोजा जा सकता है। इन विशिष्ट इतालवी लक्षणों के बावजूद क्रोचे और जांतील द्वारा प्रस्तुत दर्शनशास्त्र अपने आशय में सार्वभौम है और इसे उचित रूप से हेगेलीय दर्शनशास्त्र का तार्किक विकास माना जा सकता है।

हेगेल को सामान्यतः पाश्चात्य दर्शन के दो अत्यंत महत्वपूर्ण सिद्धांतों का प्रतिपादक माना जाता है। उनकी पहली मान्यता यह है कि विचार एक जीवित मूर्त सत् है और वास्तव में तो विचार ही है जिसके अस्तित्व के संबंध में हमें किसी प्रकार का कोई संदेह नहीं होता। हम संपूर्ण सत् की व्याख्या विचार की दृष्टि से ही करते हैं। दूसरे, हेगेल यह मानते हैं कि हमारे आम विचार और अनुभव के पीछे और इसके परे विचार की एक संपूर्ण मूर्त अन्विति रहती है, जो अनुभवातीत है किंतु फिर भी इसमें अंतरस्थ रहती है और विचार की यह मूर्त अन्विति ही किसी व्यक्ति के विचार को समझने और उसे अर्थपूर्ण बनानेवाला संदर्भ-बिंदु है।

2

हेगेलीय दर्शनशास्त्र के विकास में यद्यपि पहले पक्ष की अवहेलना नहीं की गई, फिर भी दूसरे पक्ष पर ही अधिक बल दिया गया है जैसाकि ब्रैडले की विवेचना से स्पष्ट है। विचार

की मूर्त अन्विति को परम सत्ता माना गया है और समस्त व्यक्तिगत विचारों एवं अनुभवों को इसका अपूर्ण आविर्भाव। ब्रैडले और बोसांके, दोनों के दर्शनों में हम हेगेलीय दर्शनशास्त्र का यह विकास (पहले अध्याय में) देख चुके हैं। विचार अथवा परम सत्ता की ऐसी संकल्पना एक ऐसे संसार की संकल्पना की ओर प्रवृत्त दिखाई देती है जो पूर्ण है और इसी कारण स्थिर है। यद्यपि इस संकल्पना में व्यक्तिगत विचार के निरंतर विकास की धारणा को स्थान दिया गया है, फिर भी चरम में कोई परिवर्तन नहीं होता और परम सत्ता बदलती अथवा गतिशील नहीं होती क्योंकि वह तो पहले ही सकल, स्वयं में संपूर्ण एवं पूर्ण है, जिसके परे कुछ नहीं है, जिसमें स्वयं कोई अभाव नहीं है और इसीलिए जिसका कोई विकास नहीं हो सकता। ऐसी संकल्पना पर उचित ही 'शिलारूप विश्व' की संकल्पना होने का आरोप लगाया गया है। अन्य विचारकों के अतिरिक्त नव्य-विचारवादियों ने भी इस संकल्पना की कड़ी आलोचना की है। क्रोचे और जांतील द्वारा प्रस्तुत नए दर्शनशास्त्र को समझने के लिए इस पृष्ठभूमि को ध्यान में रखना आवश्यक है।

यदि संसार वास्तव में स्वयं में संपूर्ण एवं अपरिवर्तनीय समग्रता के रूप में प्रदत्त है तो विभेदन एवं नानात्व भी प्रदत्त होंगे और जो कुछ परिवर्तन दिखाई देता है वह आभास मात्र होगा, वास्तविक नहीं। इससे हेगेल की यह प्रसिद्ध उक्ति कि "दर्शनशास्त्र इतिहास है", अर्थहीन और खोखली हो जाएगी। दर्शनशास्त्र को इतिहास तभी माना जा सकता है जब दर्शनशास्त्र सच्चे परिवर्तनों को स्वीकार करे और काल को अपनी भूमिका निभाने की पूर्ण स्वतंत्रता दी जाए। यहां से नव्य-विचारवादी इस विवाद में सम्मिलित होते हैं और इस उक्ति को सत्य मानकर इसे अपनी विवेचना का प्रस्थान-बिंदु बनाते हैं। हेगेल की उक्ति की रक्षा करने के लिए वे हेगेलीय चिंतन की दूसरी धारा का शिलारूप विश्व की संकल्पना के लिए परित्याग कर देते हैं। (जैसाकि ब्रैडले, बोसांके एवं उन जैसे अन्य विचारकों के चिंतन से स्पष्ट है)। वे गंभीरतापूर्वक इस धारणा को सिद्ध करने में प्रवृत्त होते हैं कि सक्रिय, आत्म-रचनात्मक एवं आत्म-रचयिता मन ही संसार में एकमात्र सत् है और इस रचनात्मक मन के पीछे ऐसी कोई परम सत्ता नहीं है जिसमें प्रत्येक वस्तु विलीन होती हो। परम सत्ता, आत्म-रचनात्मक मन स्वयं में संपूर्ण और स्थिर नहीं होता, यह प्रगतिशील, गतिमान और आत्मसिद्धि के गुण से युक्त होता है। चूंकि सृजनशील मन वास्तविकता के निर्माता के रूप में इतिहास होता है, अतः इतिहास वर्तमान वास्तविकता होता है। मन सृजनशील ही नहीं होता, यह व्याख्याधर्मी भी होता है और अपने व्याख्याधर्मी रूप में यह दर्शनशास्त्र होता है जो अन्य कुछ नहीं अपितु उसी गतिविधि का सातत्य होता है ज़िसकी यह व्याख्या करता है। मन को स्वयं गतिविधि भी माना जा सकता है और मन स्वयं को अपनी गतिविधि के माध्यम से निर्मित भी करता है। "मन द्वारा मन की प्रकृति और सत्ता का चिंतन स्वयं ही मन की प्रकृति और सत्ता है। अतः इतिहास का दर्शनशास्त्र और दर्शनशास्त्र का इतिहास एक ही हैं।"[1] वास्तविकता के दो विरोधाभासी पक्ष माने जाते हैं। इसकी परिकल्पना,

निर्बाध प्रगति की तुलना में, घटनाचक्र की पुनरावृत्ति के रूप में अधिक की जाती है। प्रत्येक क्षण कोई न कोई उपलब्धि होती है, फिर भी कोई भी उपलब्धि संपूर्ण नहीं होती और यही वास्तविकता का लक्षण है। क्रोचे के शब्दों में : "इसीलिए प्रगति की सच्ची संकल्पना के लिए एक साथ दो विरोधी शर्तें पूरी करना आवश्यक है : एक तो प्रत्येक क्षण उपलब्धि की, किंतु पहलेवाली उपलब्धियों को खोए बिना; दूसरे, निरंतर समाधान की और एक नित नई समस्या की जिसे समाधान की अपेक्षा हो। इसे अंत की दोनों परस्पर विरोधी एकांगताओं से बचना होगा जिसमें एक ओर तो पूर्णतः प्राप्त और दूसरी ओर नितांत दुष्प्राप्य अंत हो; एक ओर तो 'सांत प्रगति' और दूसरी ओर 'अनंत प्रगति' हो।"[2]

नव्य-विचारवाद के इस विशिष्ट दृष्टिकोण की विवेचना करने के पश्चात् अब हम चिंतन की एक नई धारा को विकसित करने में क्रोचे और जांतील के योगदान पर अलग-अलग विचार करेंगे।

3

बेनेदेतो क्रोचे (1866-1952)

दर्शनशास्त्र के क्षेत्र में क्रोचे की मौलिकता वह सिद्धांत है जिसे उन्होंने 'आत्मद्रव्य का दर्शनशास्त्र' नाम दिया था। इस मौलिकता का कारण बड़ी सीमा तक यह तथ्य है कि वे रूढ़िवादिता से मुक्त हैं। वे व्यवसाय से न तो दर्शनशास्त्र के अध्यापक रहे और न ही इसके विद्यार्थी। वे कला-समीक्षक और इतिहास के विद्यार्थी के रूप में विख्यात रहे हैं। कला और इतिहास में उनकी गहन अंतर्दृष्टि उन्हें दर्शनशास्त्र के निकट लाई जहां उन्होंने अपनी छाप छोड़ी। आधुनिक इतालवी विचारवादी रगिएरो क्रोचे के संबंध में लिखते हैं : "इतालवी विचारवाद के इतिहास में दिखाई देनेवाली विभिन्न प्रवृत्तियां क्रोचे के दर्शनशास्त्र में एकत्रित होकर एक प्रकाश-पुंज के रूप में प्रकट होती हैं।"[3]

क्रोचे की रचना *दि फिलासफी आफ दि स्पिरिट* चार ग्रंथों में है : (क) *ऐस्थेटिक ऐज साइंस आफ एक्सप्रेशन एंड जनरल लिंग्विस्टिक;* (ख) *लाजिक ऐज दि साइंस आफ प्योर कांसेप्ट;* (ग) *फिलासफी आफ दि प्रैक्टिकल इकोनॉमिक्स एंड एथिक्स;* (घ) *दि थियरी एंड हिस्ट्री आफ हिस्टोरियोग्राफी*। ये सभी ग्रंथ इतालवी भाषा से श्री डगलस आइंसलिक द्वारा अंग्रेजी में अनूदित किए जा चुके हैं।

क्रोचे का प्रस्थान-बिंदु वही है जो सामान्यतः किसी भी विचारवादी का होता है। वह यह है कि मन या आत्मद्रव्य परम सत्ता है या, अन्य शब्दों में, हम केवल अपने अनुभवों के संबंध में ही पूर्णरूपेण निश्चित हो सकते हैं और केवल इन्हें ही वास्तविक कहा जा सकता है। प्रत्येक अन्य वस्तु केवल उसी सीमा तक वास्तविक है जिस सीमा तक वह अनुभव का एक घटक, दशा या श्रेणी है। अनुभव में अनुभव की वस्तु

अविच्छेद्य रूप से जुड़ी रहती है। किंतु क्रोचे इस धारणा को अस्वीकार करते हैं कि वस्तु उस अनुभव पर अनाश्रित है जिसकी वह वस्तु होती है। अनुभूत और अनुभव के बीच का भेद एक ऐसा भेद है जो स्वयं अनुभव के अंतर्गत आता है। मन से संबंधित भाषा में कहें तो वस्तु मन की रचना है। इस प्रकार मन अपनी वस्तु की रचना करता है और यह झरोखे से रहित संसार जैसा होता है। इस सृजनशील मन के अतिरिक्त अन्य कोई वास्तविकता नहीं होती। वास्तविकता विभिन्न रूप धारण करती है और ये सभी रूप समान रूप से वास्तविक होते हैं। दर्शनशास्त्र का कार्य है इस वास्तविकता का अध्ययन करना और इसके विभिन्न रूपों एवं उनके संबंधों को श्रेणीबद्ध करना। अपने दर्शनशास्त्र में क्रोचे इसी कार्य को पूरा करने का प्रयास करते हैं।

क्रोचे के 'आत्मद्रव्य के दर्शनशास्त्र' को 'आध्यात्मिक जीवन की चार श्रेणियों' का ही विस्तार माना जा सकता है अथवा इसे दो प्रकार की गतिविधियों में समेटा जा सकता है : (1) सैद्धांतिक गतिविधि, (2) व्यावसायिक गतिविधि। चूंकि मन अपनी विषयवस्तु अथवा संज्ञान की वस्तु को स्वयं उत्पन्न करता है, जैसाकि पहले कहा जा चुका है, इसलिए यह दो उपश्रेणियों के अंतर्गत कार्य करता है : (क) इसकी सामग्री को उपलब्ध कराना और (ख) उनका संयोजन करना। ये दो उपश्रेणियां क्रमशः (क) अपने संगत सौंदर्यशास्त्र सहित अंतर्बोध और (ख) अपने संगत तर्कशास्त्र सहित संकल्पनात्मक चिंतन कहलाती हैं। अब हम इनकी थोड़ी विस्तृत विवेचना करेंगे।

(क) अंतर्बोध और सौंदर्यबोधक गतिविधि

क्रोचे का कथन है कि ''ज्ञान के दो रूप होते हैं। ज्ञान या तो अंतर्बोधक होता है या तार्किक, वह ज्ञान जो हम कल्पना से प्राप्त करते हैं या वह ज्ञान जो हम बुद्धि द्वारा प्राप्त करते हैं, व्यष्टि का ज्ञान और समष्टि का ज्ञान। संक्षेप में, ज्ञान या तो बिंबों का जनक होता है या संकल्पनाओं का।''[4] इस प्रकार अंतर्बोध वह ज्ञान है जिसके द्वारा हमें समष्टि से भिन्न व्यष्टि का संज्ञान होता है। चूंकि मन अपनी सामग्री स्वयं उत्पन्न करता है, इसलिए इस ज्ञान की प्राप्ति सृजनात्मक अथवा उत्पादक कल्पना के माध्यम से होती है। संवेद्य आधार-वस्तुओं अथवा इंद्रिय-प्रत्यक्ष के संबंध में क्रोचे को कोई संकोच नहीं है और एक सच्चे विचारवादी की भांति वे यथार्थवादियों के दावों अथवा कांटीय संकोच को ताक पर रखकर अंततः इंद्रियजन्य अंतर्बोध को ज्ञान की कच्ची सामग्री के रूप में स्वीकार कर लेते हैं। यहां क्रोचे सच्चे हेगेलवादी हैं। जो उत्पादक कल्पना अंतर्बोध को जन्म देती है उसे क्रोचे सौंदर्यबोधक गतिविधि कहते हैं जो मुख्य रूप से कवि अथवा कलाकार की शक्ति होती है। इसका तात्पर्य यह नहीं कि केवल कवि और कलाकार ही इस गतिविधि का निर्वाह करते हैं; इसका निहितार्थ यह है कि जब हम इस गतिविधि का निर्वाह करते हैं तो हम कवियों और कलाकारों की पंक्ति में

होते हैं, और प्रत्येक व्यक्ति में यह शक्ति विकसित करने की संभावना होती है। अंतर्बोध का विशेष लक्षण है अभिव्यंजना और यह विशिष्ट रूप से मानवीय होती है। क्रोचे के शब्दों में, "यही हमारी सच्ची थाती है।"[5] "संवेदनात्मक प्रवाह अथवा लहर से, जिसे हम अनुभव कर सकते हैं, अर्थात् मानस-पदार्थ से अंतर्बोध अथवा प्रस्तुति को आकार के रूप में भिन्न किया जा सकता है। यह आकार, यह अधिग्रहण ही अभिव्यंजना है। अंतर्बोध अभिव्यंजना है : यह कुछ अन्य नहीं है, न तो इससे अधिक कुछ और न ही इससे कम कुछ।"[6] अतः कोई भी अंतर्बोध ऐसा नहीं होता जिसकी अभिव्यंजना न हो। प्रत्येक अंतर्बोध अपनी ही अभिव्यंजना होता है। कलाकार अपने अंतर्बोध को बिंबों में अभिव्यंजित करता है और कवि भी यही करता है। कला प्रगीतात्मक होती है; यह कवि के अंतर्बोध को अभिव्यंजना देती है। किंतु यह मानना भूल होगी कि अंतर्बोध और इसकी अभिव्यंजना में, बाह्य और आंतरिक में कोई भेद है। अनुभव के प्रथम स्तर पर वे एक ही होते हैं। भेद तो तार्किक निर्णय के अगले चरण में ही उत्पन्न होते हैं। क्रोचे का कथन है कि "अंतर्बोध वास्तविक के प्रत्यक्ष और संभव के सरल बिंब की अविभेदित अन्विति होता है। अंतर्बोध में हम अपने-आपको इंद्रियानुभव-संपन्न प्राणियों के रूप में बाह्य वास्तविकता के विरुद्ध खड़ा नहीं करते, अपितु अपने संस्कारों का, उनमें बिना कुछ जोड़े, ज्यों का त्यों वास्तवीकरण करते हैं।"[7]

क्रोचे के दृष्टिकोण को संक्षेप में इस प्रकार प्रस्तुत किया जा सकता है : संवृत्तिवादियों की भांति क्रोचे की भी मान्यता है कि अनुभव मात्र में एक ऐसा तत्व निहित होता है जिसका आदान-प्रदान बिना किसी चिंतन अथवा वरण के हो जाता है। इस क्षण की क्रिया समस्त अनुभवों एवं समस्त चिंतन की अनिवार्य शर्त है। संकल्पनात्मक क्रिया तार्किक रूप से इस क्षण पर आश्रित और इससे अविच्छेद्य होती है। अनुभव का यह तत्व कलाकार और कवि की कृति का प्रमुख लक्षण है और चूंकि यह तत्व प्रत्येक व्यक्ति में विद्यमान रहता है, अतः प्रत्येक व्यक्ति मूलतः कलाकार और कवि होता है। क्रोचे स्वयं एक श्रेष्ठ कला-समीक्षक और लेखक थे और उनकी मान्यता थी कि प्रत्येक व्यक्ति अपने उस प्रथम क्षण में शुद्ध रूप से अंतर्बोध-संपन्न होता है और इसलिए कवि होता है। "कला जो प्रथम प्रस्तुतियों का सृजन करती है और ज्ञान के जीवन का सूत्रपात करती है, हमारे मन में वस्तुओं के उन पक्षों को भी निरंतर नवीन बनाए रखती है जिन्हें विचार चिंतन के एवं बुद्धि अमूर्तीकरण की प्रक्रिया के हवाले कर देती है और इस प्रकार निरंतर हमारे अंतरस्थ कवि को जगाए रखती है। इसके बिना चिंतन में उद्दीपन का अभाव होगा और इसके रहस्यपूर्ण एवं सृजनात्मक कर्म की सामग्री ही नहीं रहेगी।"

(ख) संकल्पना एवं तार्किक क्रिया

उपर्युक्त विवेचना में हमने देखा कि मन के सैद्धांतिक व्यापार की प्रथम उपश्रेणी उस बिंदु पर अंतर्बोध की जननी होती है जहां व्यक्ति की समुपस्थिति होती है। दूसरी

उपश्रेणी संकल्पनात्मक चिंतन की होती है जो तार्किक संकल्पनाओं के माध्यम से मात्र अंतर्बोध में प्रस्तुत वस्तु का सामान्यीकरण करती है। यह उन अंतर्बोधों एवं बिंबों को पारस्परिक रूप से जोड़ती है और उनकी व्याख्या करती है जिनकी उपलब्धि प्रथम उपश्रेणी के सैद्धांतिक व्यापार द्वारा होती है। यह सैद्धांतिक व्यापार सौंदर्यबोधक व्यापार होता है और संकल्पनात्मक चिंतन के माध्यम से इन अंतर्बोधों एवं बिंबों का सामान्यीकरण करता है। क्रोचे इस बात को इस प्रकार कहते हैं : "संकल्पनाओं द्वारा प्राप्त ज्ञान क्या है ? यह वस्तुओं के भावों का ज्ञान है और वस्तुएं अंतर्बोध होती हैं। बिना अंतर्बोधों के संकल्पनाएं संभव नहीं हैं, ठीक उसी प्रकार जिस प्रकार संस्कार के पदार्थ के बिना अंतर्बोध संभव नहीं है।...यह नदी, यह झील, यह झरना, जल का यह पात्र, यह वर्षा सभी अंतर्बोध हैं। संकल्पना है जल, इसका कोई विशेष आभास अथवा उदाहरण नहीं, अपितु सामान्यतः जल, चाहे उसे किसी भी समय अथवा उदाहरण में देखा जाए, यह अनंत अंतर्बोधों की वस्तु है किंतु इसकी एक ही स्थायी संकल्पना है।"[8]

क्रोचे की संकल्पनाएं रसल के 'सामान्यों' की भांति प्रतीत हो सकती हैं किंतु ये नितांत भिन्न हैं। क्रोचे की संकल्पनाएं मानसिक हैं, चिंतन के चरण हैं और 'बाह्य जगत' में कहीं इनका अस्तित्व नहीं होता। मिथ्या संकल्पना से भिन्न किसी वास्तविक संकल्पना के तीन विशिष्ट लक्षण होते हैं—यह सार्वभौम, अभिव्यंजनात्मक एवं मूर्त होती है। शुद्ध संकल्पनाएं प्रागानुभविक होती हैं, अंतर्बोधों से निस्सृत नहीं, किंतु ये समस्त अंतर्बोधों के सामान्यीकरण में प्रयुक्त होती हैं। क्रोचे की मान्यता है कि "प्रस्तुतियों में जो कुछ व्यष्टि है उसके संदर्भ में शुद्ध संकल्पना समष्टि होती है, यह समस्त व्यष्टियों को एक साथ तथा प्रत्येक व्यष्टि को अलग-अलग भी संदर्भित करती है।"[9] मिथ्या संकल्पना कुछ ही अंतर्बोधों पर प्रयुक्त होती है, समस्त अंतर्बोधों पर नहीं। वस्तुतः मिथ्या संकल्पनाएं अनुभवातीत होती हैं, अंतर्बोधों से निस्सृत होती हैं, न कि उनके पूर्व।

शुद्ध संकल्पना इस अर्थ में सामान्य होती है कि यह जीवन और वास्तविकता के प्रत्येक आविर्भाव में अर्थात् अनुभव में वर्तमान होती है। शुद्ध संकल्पना के उदाहरण गुणवत्ता, आकार, विकास और सौंदर्य हैं। ये संकल्पनाएं प्रत्येक अंतर्बोध में अंतर्निहित होती हैं किंतु वे इनका अतिक्रमण भी करती हैं क्योंकि ये समस्त अंतर्बोधों के योग से बड़ी होती हैं। वे अपनी अभिव्यंजनाओं से सदैव बढ़कर होती हैं।

शुद्ध संकल्पना इस अर्थ में अभिव्यंजना होती है कि यह तार्किक व्यापार की अभिव्यंजना, विचार की रूपात्मक अभिव्यंजना होती है। अंत में यह इस अर्थ में मूर्त होती है कि यह वास्तविक है। यह अनुभव के प्रत्येक क्षण में वर्तमान होती है, उस प्रत्येक अंतर्बोध में जो वास्तविक होता है। इस प्रकार शुद्ध संकल्पना वास्तविकता का रूप होती है। मूर्तता का यह लक्षण ही शुद्ध संकल्पनाओं को मिथ्या संकल्पनाओं से पृथक करता है। भवन, नदी, व्यक्ति, त्रिकोण जैसी मिथ्या संकल्पनाओं का कोई अस्तित्व

नहीं होता; ये केवल भाववाचक अथवा श्रेणीवाचक संज्ञाएं, मानसिक आशुलिपि के अंश की उपज हैं। इनसे हमारे ज्ञान में कोई वृद्धि नहीं होती और इनका मात्र व्यावहारिक महत्व होता है। दर्शनशास्त्र का संबंध शुद्ध संकल्पनाओं से होता है जबकि विभिन्न विज्ञान मिथ्या संकल्पनाओं को उनकी व्यावहारिक उपयोगिता के कारण प्रयोग में लाते हैं। प्राकृतिक एवं गणितीय विज्ञान मिथ्या संकल्पनाओं का अध्ययन उसी प्रकार करते हैं जिस प्रकार तर्कशास्त्र शुद्ध संकल्पनाओं का अध्ययन करता है। इस विवेचना में यह ध्वनि हो सकती है कि तर्कशास्त्र / दर्शनशास्त्र और विज्ञानों के बीच वैमनस्य है और विचारवादियों के संदर्भ में यह कुछ सीमा तक सत्य भी है। विचारवादियों के लिए विज्ञानों की प्रामाणिकता उन्हीं की गतिविधियों तक सीमित है; उनके अध्ययन के विषय सच्चे अर्थ में वास्तविक नहीं हैं। केवल व्यष्टिगत अनुभव ही वास्तविक होता है और विज्ञान उसका अध्ययन नहीं करते। मिथ्या संकल्पनाओं का अपने-आपमें कोई अस्तित्व नहीं होता और वे प्रतीकों के रूप में कार्य करते हैं। विज्ञान की प्रामाणिकता का एक सीमित क्षेत्र होता है जहां इन अमूर्त वस्तुओं को वास्तविक माना जाता है और व्यवस्थित रूप से इनका संयोजन किया जाता है। दर्शनशास्त्र विज्ञान की अपेक्षा अधिक वास्तविक है क्योंकि इसका संबंध शुद्ध संकल्पनाओं से है जो विज्ञान की विषयवस्तु अर्थात् मिथ्या संकल्पनाओं की तुलना में अधिक वास्तविक होती हैं।

शुद्ध संकल्पना की धारणा विकसित करके क्रोचे अपनी चिंतन-प्रणाली की पूर्णता की ओर दो और कदम बढ़ाते हैं। ये हैं : (1) व्यक्ति के अनुभव के परे एक अनुभव की स्थापना और (2) क्रिया की संभावना की स्थापना।

क्रोचे की मान्यता यह है कि दर्शन का संबंध जिस अनुभव से होता है वह अंतिम विश्लेषण में व्यक्ति का अनुभव नहीं होता; यह एक सार्वभौम मन का अनुभव होता है जिसमें व्यक्तिगत अनुभव की भागीदारी भी होती है और व्यक्तिगत अनुभव जिसका एक अंश भी होता है। जिस तर्क-पद्धति के माध्यम से क्रोचे इस स्थापना तक पहुंचते हैं उसे समझना सहज नहीं है। किंतु एक सच्चे विचारवादी की भांति वे इसी पर दृढ़ रहते हैं। ''जो चेतना दार्शनिक गवेषणा का विषय होती है वह किसी व्यक्ति की, जिस सीमा तक वह व्यक्ति है, चेतना नहीं होती, अपितु वह सार्वभौम चेतना होती है जो किसी भी व्यक्ति में उसके अपने व्यष्टित्व और अन्य लोगों के व्यष्टित्व का आधार होती है।''

क्रोचे के तर्क का आशय एक सार्वभौम मन की तार्किक आवश्यकता दर्शाना है। कांट की भांति उनकी भी धारणा है कि बिना संकल्पना के व्यष्टिगत अंतर्बोध 'अंधे' होते हैं। ये (शुद्ध) संकल्पनाएं बोध की एक साझी भूमि उपलब्ध कराकर व्यक्तियों के बीच संप्रेषण को संभव बनाती हैं। चूंकि संकल्पना अंतर्बोध की भांति किसी वैयक्तिक चेतना की नहीं हो सकती और चूंकि वास्तविक होने के लिए उसे किसी अनुभव से संबद्ध होना पड़ता है, इसलिए वह अनुभव के अंश के रूप में किसी सार्वभौम मन में होती है। सार्वभौम मन की धारणा के पक्ष में क्रोचे एक और तर्क देते हैं। यह तर्क

उनकी इतिहास संबंधी संकल्पना से जुड़ा हुआ है। प्रत्येक व्यष्टिगत मन का एक इतिहास होता है या यह स्वयं ही इतिहास होता है और निस्सीम होता है। ऐसा ही तर्क यह भी सिद्ध करता है कि समस्त वास्तविकता का, जो मानसिक होती है, एक इतिहास होता है या यह स्वयं इतिहास होती है। सातत्य के रूप में वास्तविकता इतिहास होती है और प्रत्येक व्यष्टिगत मन / इतिहास इसके साथ-साथ चलता है।

इस अध्याय के अंत में हम इन तर्कों के गुण-दोष का आकलन करेंगे। किंतु यहां इतना कहना आवश्यक है कि अनेक क्रोचे-विशेषज्ञों को ये तर्क असंतोषजनक एवं अविश्वसनीय प्रतीत हुए हैं।

क्रोचे की 'सैद्धांतिक क्रिया' संबंधी धारणाओं की विवेचना करने के पश्चात् अब हम उनकी 'व्यावहारिक क्रिया' संबंधी धारणाओं पर संक्षिप्त विचार करेंगे।

व्यावहारिक क्रिया (आर्थिक एवं नैतिक)

जैसाकि उपर्युक्त विवेचना में हमने देखा, मन की दो प्रकार की क्रियाएं होती हैं : सैद्धांतिक एवं व्यावहारिक। सैद्धांतिक क्रिया की दो उपश्रेणियां हैं—अंतर्बोधक ज्ञान और संकल्पनात्मक ज्ञान। ये दोनों मिलकर ज्ञान की व्याख्या करते हैं। "अंतर्बोध के बिना संकल्पना खोखली होती है और बिना संकल्पना के अंतर्बोध अंधा होता है।"

मन की दूसरे प्रकार की क्रिया अर्थात् व्यावहारिक क्रिया तार्किक रूप से पहली अर्थात् सैद्धांतिक क्रिया पर आश्रित है यद्यपि इसकी विपरीत धारणा का सत्य होना आवश्यक नहीं है। ज्ञान निश्चय ही कर्म के लिए होता है किंतु हम बिना इच्छा अथवा कर्म के भी ज्ञान प्राप्त कर सकते हैं। किंतु बिना ज्ञान के हम कर्म नहीं कर सकते। जैसे अंतर्बोध और बिंब में कोई भेद नहीं है, वैसे ही इच्छा और कर्म में कोई भेद नहीं है। वे एकरूप हैं। जिस प्रकार सैद्धांतिक क्रिया की दो उपश्रेणियां हैं—सौंदर्यबोधक एवं तार्किक, उसी प्रकार व्यावहारिक क्रिया की भी दो उपश्रेणियां हैं—आर्थिक एवं नैतिक। इनमें से पहली तो उपयोगिता की अवधारणा पर आधारित है और दूसरी श्रेय या शुभ पर। उपयोगी का तात्पर्य है कि यह व्यक्ति के लिए उपयोगी है, स्वार्थपूर्ण कर्म है, जबकि शुभ या श्रेय का अर्थ सबका हित है। पहले की भांति यहां भी दूसरा चरण पहले पर आश्रित है—सामान्य हित पहले अर्थात् व्यक्तिगत हित अथवा उपयोगिता का ही सामान्यीकरण है। पहले चरण में इच्छा व्यक्ति के संतोष और आनंद के लिए ज्ञान द्वारा उपन्यस्त वस्तुओं में परिवर्तन करके उसकी आवश्यकताओं, अभावों और कामनाओं की पूर्ति करती है। व्यावहारिक क्रियावाली उपश्रेणी को क्रोचे आर्थिक उपश्रेणी कहते हैं। किंतु अपनी वैयक्तिक इच्छाओं की पूर्ति मात्र से व्यक्ति संतुष्ट नहीं हो जाता; उसे दूसरों की भी चिंता होती है। वह परिवार में रहता है जो मानव-समाज में स्थित होता है। इसलिए उसके हित का संबंध अन्य के हित से होना आवश्यक है। वैयक्तिक हित का सामान्यीकरण इसलिए आवश्यक है कि एक सामान्य हित का निर्माण हो सके। यहां आकर आर्थिक व्यापार नैतिक व्यापार

बन जाता है । क्रोचे के शब्दों में "...जो व्यक्ति पहले केवल आर्थिक प्रतीत होते हैं, ध्यानपूर्वक देखने पर नैतिक भी ज्ञात होते हैं, और जो शुद्ध रूप से नैतिक प्रतीत होते हैं, वे आर्थिक भी होते हैं । यही बात संस्थाओं के संबंध में भी सत्य है ।"[10]

पहले चरण में व्यक्ति, व्यक्ति के रूप में, केवल अपने ही सुख की खोज करता है किंतु दूसरे चरण में आकर वह मानव के रूप में अन्य व्यक्तियों के संबंध में सोचता है और सभी के सुख और कल्याण की कामना करता है । ये दोनों चरण एक-दूसरे में विलीन हो जाते हैं और आर्थिक एवं नैतिक एकत्व का निर्माण करते हैं । अहंवाद और परमार्थवाद परस्पर विरोधी आदर्श नहीं हैं; वे मन के अनुभव के क्षणों में चिरस्थायी रूप से परस्पर संबद्ध हो जाते हैं । मन अर्थात् सार्वभौम मन में सम्मिलित वैयक्तिक मन जिसका रूप सार्वभौम होता है, एकमात्र वास्तविकता है जिसके व्यापार की विभिन्न श्रेणियां एवं उपश्रेणियां होती हैं । क्रोचे के विचारों का और अधिक विस्तार हमें उनके कनिष्ठ समकालीन चिंतक गियोवानी जांतील के चिंतन में मिलता है ।

4

गियोवानी जांतील (1875-1944)

क्रोचे और जांतील का संबंध बहुत सीमा तक वैसा ही है जैसाकि बोसांके और ब्रैडले का । जांतील और क्रोचे के दर्शनशास्त्रों में पर्याप्त साम्य एवं पारस्परिकता देखने को मिलती है और कहा जा सकता है कि जांतील ने क्रोचे की स्थापना को उसके तार्किक निष्कर्ष तक पहुंचाया । इस प्रक्रिया में उन्होंने न केवल क्रोचे के अव्यक्त विचारों को पूर्ण विकसित किया अपितु उनकी त्रुटियों को भी दर्शाया और तार्किक संगति की रक्षा के लिए उनका परित्याग किया । इन दोनों इतालवी विचारकों का दर्शनशास्त्र नव्य-विचारवाद अथवा इतालवी विचारवाद कहलाया ।

गियोवानी जांतील के ग्रंथों *ए समरी आफ पेडागागी* और *दि थियरी आफ माइंड ऐज प्योर ऐक्ट* में उनके दर्शनशास्त्र का पूर्ण वक्तव्य मिलता है । वे अपनी दार्शनिक विवेचना क्रोचे के विचारों से आरंभ करते हैं और उन्हें व्यवस्थित रूप से अंत तक विकसित करते हैं । क्रोचे की आध्यात्मिक क्रिया की संकल्पना को वे और भी उच्च्व श्रेणी की आंतरिकता और अन्विति प्रदान करते हैं और इसी में उनकी मौलिकता और तार्किक संगति दिखाई देती है । एकत्व के रूप में मन की क्रोचे की संकल्पना और साथ ही इसमें विभिन्न चरणों एवं अपनी उपश्रेणियों सहित सैद्धांतिक एवं व्यावहारिक की विरोधाभासी धारणा जांतील के लिए गंभीर समस्या खड़ी कर देती हैं । यदि मन एक मूर्त अन्विति है तो इसके अपने भीतर नानात्व नहीं हो सकता और यदि नानात्व को आरंभ से ही अनुभव में स्थित माना जाए तो मन को अन्विति नहीं माना जा सकता । इनमें से जांतील पहली धारणा को निस्संकोच स्वीकार करते हैं और मानते हैं कि मन

एक संपूर्ण अन्विति है और यह अन्विति बराबर बनी रहती है। जो भी नानात्व वे स्वीकार करते हैं उसे वे इसी अन्विति से निकालते हैं। यह मन अथवा अनुभव ही संसार में एकमात्र सत्ता है। वास्तव में संसार मन अथवा आत्मद्रव्य ही है।

इस प्रकार वास्तविकता को आरंभ से ही एक मानकर चलने से नानात्व की व्याख्या में गंभीर समस्या उठ खड़ी होती है। या तो हम नानात्व की वास्तविकता को नकारें, जैसाकि भारतीय दर्शनशास्त्र में अद्वैत वेदांत में किया गया है, या तार्किक रूप से यह दर्शाएं कि कैसे एक वास्तविकता से नानात्व का उदय होता है और यह वास्तविकता अंत तक वास्तविकता ही बनी रहती है। यहां हमें जांतील की द्वंद्ववादी प्रणाली के दर्शन होते हैं। यह प्रणाली इस धारणा पर आधारित है कि वास्तविकता को चिंतन माना जाए और यह चिंतन विचार अथवा इसके विषय से भिन्न हो। मन एक विकासशील प्रक्रिया है जिससे समस्त विषय और विषयी निकलते हैं। एक वास्तविक विकासशील प्रक्रिया में न केवल नानात्व होता है अपितु अन्विति भी रहती है। मन, जो शुद्ध कर्म होता है, की संकल्पना नानात्व और अन्विति, दोनों की भूमि पर की गई है। यही मूर्त और एकमात्र वास्तविकता है। "अतः मन की द्वंद्वात्मक संकल्पना आध्यात्मिक नानात्व को बहिष्कृत तो नहीं ही करती अपितु मन की अनंत अन्विति की संकल्पना के अनिवार्य लक्षण के रूप में इस नानात्व को आवश्यक मानती है। इसलिए अनंत अन्विति बहुल का ही अनंत एकीकरण है क्योंकि यह एकत्व का अनंत बहुलीकरण है।[11] इस प्रकार जांतील एक ही वास्तविकता अर्थात् मन से नानात्व के उद्भव की व्याख्या करते हैं।

जांतील क्रोचे की एस धारणा से सहमत हैं कि मन अनुभव है और एकमात्र वास्तविकता है। किंतु वे नानात्व की अपेक्षा अन्विति पर क्रोचे से अधिक बल देते हैं। उनकी मान्यता है कि अनुभव के भीतर नानात्व होता है और इसका सर्वोत्तम उदाहरण आत्म-चेतना है। आत्म-चेतना में मन संज्ञाता विषयी और संज्ञात विषय, दोनों ही होता है किंतु फिर भी इन दोनों चरणों के संश्लेष के रूप में यह अपनी अन्विति बनाए रखता है। आत्म-चेतन रूप में मन / अनुभव की यह संकल्पना उस व्याख्या का आधार है जिसे जांतील मन / अनुभव के अंदर ही नानात्व के उद्भव के बारे में प्रस्तुत करते हैं। इस प्रकार जांतील के सर्वव्यापक मन अथवा आत्मद्रव्य के भीतर ही नानात्व का संसार विद्यमान रहता है। अपनी स्थापना के पक्ष में उनका तर्क है कि मन ही एकमात्र व्याख्याता तत्व है। यह प्रत्येक कल्पनीय वस्तु के विषयी के रूप में पूर्वमान्य है। मन ही वह अनंत और व्यापक तत्व है जो एकमात्र वास्तविकता है, जिसके ऊपर या जिसके परे कुछ नहीं होता। "संज्ञान का अर्थ है कि पहचान करना, इतरत्व पर विजय प्राप्त करना।"[12] वस्तु की वस्तुनिष्ठता मन की क्रिया में विलीन हो जाती है जो अपने भीतर विषय और विषयी, दोनों का संश्लेष कर देती है।

इस मान्यता के कारण जांतील क्रोचे की तुलना में हेगेल के अधिक निकट हैं। क्रोचे तो ऐसे अवसरों पर हेगेल का प्रत्याख्यान करते हैं। जांतील के लिए ज्ञान आत्म-विस्तार और आत्मोपलब्धि की प्रक्रिया है और चूंकि इसके लिए कुछ भी बाह्य

नहीं है, अतः यह प्रत्येक वस्तु को अपने में समेट लेता है।

जांतील की एक महत्वपूर्ण धारणा दर्शनशास्त्री को वास्तविकता का निर्माता मानने की है। विचारवाद में आस्था न रखनेवालों को यह बात विसंगत प्रतीत हो सकती है किंतु जांतील अपनी धारणा के पक्ष में पूरी गंभीरता से तर्क प्रस्तुत करते हैं। जैसाकि पहले कहा जा चुका है, दर्शनशास्त्र वास्तविकता का अध्ययन है और वास्तविकता कुछ अन्य नहीं अपितु मूर्त मन ही है। अपने-आपका चिंतन अथवा संज्ञान करने में मन ज्ञान की भी वृद्धि करता है और उस आत्म का निर्माण भी जिसका वह संज्ञान करता है। दर्शनशास्त्र को चिंतन के चिंतन के रूप में परिभाषित किया गया है। इस प्रकार दर्शनशास्त्र न केवल चिंतन का सातत्य है अपितु चिंतन भी है। इस प्रकार चिंतन और वास्तविकता में भी एकत्व है। अतः दार्शनिक चिंतन करते समय दर्शनशास्त्री वास्तविकता का सृजन करता है। वास्तविकता का ज्ञान अन्य कुछ नहीं अपितु विचार का ज्ञान है और चिंतन करने में हम उस विचार का निर्माण करते हैं जिसका कि हम चिंतन करते हैं। विचार के संबंध में चिंतन करते समय दर्शनशास्त्री चिंतन के विषय अर्थात् वास्तविकता का निर्माण करता है।

जांतील के एक अन्य मौलिक विचार का उल्लेख करना भी आवश्यक है। यह विचार धर्म और कला के संबंध में है। कला विषयी की चेतना के रूप में मन का अध्ययन है और धर्म विषय की चेतना के रूप में मन का अध्ययन है। किंतु हमने देखा है कि विषय और विषयी आत्म-चेतना के संश्लेष में एकाकार हो जाते हैं। कला और धर्म भी दर्शनशास्त्र में एकाकार होते हैं। दर्शनशास्त्र इन दोनों को एक करता है और इसलिए मूर्त वास्तविकता का सर्वोत्तम प्रकार है। दर्शनशास्त्र के संबंध में जांतील का कहना है : "दर्शनशास्त्र वह अंतिम रूप है जिसमें अन्य रूपों का अधिग्रहण और समन्वय होता है, और यह सत्य, पूर्ण यथार्थ और आत्मद्रव्य का प्रतिनिधित्व करता है।" यह सब हेगेल के कितना निकट है! "कला यथार्थ के बंधन से मुक्त हुए विषयी का उल्लास है...। धर्म को कला के प्रतिवाद के रूप में परिभाषित किया जा सकता है। यह मन के बंधन से मुक्त विषय का उल्लास है।"[13] इन दोनों का विलय होता है दर्शनशास्त्र में जो इनका 'चरम बिंदु' है।

जांतील का दर्शनशास्त्र कितना ही कठिन और अस्पष्ट क्यों न प्रतीत हो, इसका प्रस्थान-बिंदु सुदृढ़ रूप से तार्किक है। अनुभव को असंदिग्ध वास्तविकता माना गया है और इस संबंध में हम आश्वस्त हैं। उनका तर्क है कि शेष वास्तविकता को भी अनुभव के सदृश ही होना चाहिए। मन का द्वंद्ववाद तीन अनिवार्य संकल्पनाओं को जन्म देता है : "(1) शुद्ध विषयी के रूप में विषयी की वास्तविकता, (2) शुद्ध विषय के रूप में विषय की वास्तविकता, (3) विषयी की अन्विति अथवा प्रक्रिया के रूप में मन की वास्तविकता और विषयी में विषय की अंतरवर्तिता।"[14] ये तीनों चरण क्रमशः कला, धर्म और दर्शनशास्त्र से संबंधित हैं। जांतील की स्थापना को संक्षिप्त रूप में इस प्रकार प्रस्तुत किया जा सकता है : उनकी आधारभूत स्थापना यह है कि अनुभव एक

स्वतंत्र, आत्म-निर्धारक क्रिया है जो स्वयं अपना और अपने संसार का रचयिता है; वह अपने-आपको विभिन्न चरणों में आविर्भूत करता है और उसके ही भीतर जो कुछ भी अस्तित्वमान है, रहता है, संचरण करता है और अपनी सत्ता रखता है।

आकलन : यह पहले ही कहा जा चुका है कि जांतील ने क्रोचे के दर्शन की त्रुटियों को सही रूप में दर्शाया है। क्रोचे का प्रयास दोनों स्थितियां बनाए रखने का है। लेकिन परम सत्ता अर्थात् मन / अनुभव की अन्विति का दावा करना और इसमें नानात्व को भी स्थापित करना रक्षणीय नहीं है। जांतील यहां हेगेल के अधिक निकट हैं। वे परम सत्ता की अन्विति पर बल देते हैं और नानात्व को परम सत्ता की गतिशील, सृजनशील प्रकृति से उद्भूत मानते हैं। इस समस्या का समाधान हेगेल ने अपनी द्वंद्ववादी प्रणाली द्वारा किया था जो वाद, प्रतिवाद एवं संवाद की त्रयी के माध्यम से प्रगति करती है। यह विचारणीय है कि नानात्व की व्याख्या करने का जांतील का प्रयास कहां तक सफल हुआ है।

5

जो भी हो, क्रोचे और जांतील, दोनों के विरुद्ध एक सामान्य आरोप यह है कि उनका दर्शनशास्त्र आत्मनिष्ठ विचारवाद के निहितार्थों से नहीं बच सकता। दोनों का प्रस्थान बिंदु अनुभव है। यदि पूछा जाए कि यह किसका अमध्यस्थ अनुभव है तो उचित उत्तर तो यही होगा कि यह व्यक्ति का अपना अमध्यस्थ अनुभव है। इस प्रकार यदि कोई वैयक्तिक अनुभव / मन से आरंभ करने को बाध्य हो तो उसे अहंमात्रवाद के इस गतिरोध से बाहर निकलने का कोई मार्ग ही न मिलेगा। रूढ़िवादी हेगेलीय विचारवाद तार्किक रूप से कहीं अच्छी स्थिति में है क्योंकि यह अमध्यस्थ अनुभव पर बल नहीं देता। यह स्वीकार करते हुए कि ऐसा कुछ नहीं है जो समस्त अनुभव का अतिक्रमण करता हो, यह दर्शनशास्त्र मानता है कि ऐसा बहुत कुछ है जो अमध्यस्थ अनुभव का अतिक्रमण करता है; किंतु नव्य-विचारवाद में कुछ भी अनुभवातीत नहीं है और इसलिए कुल मिलाकर अनुभव एक अप्राप्य आदर्श बनकर रह जाता है।

दूसरे, यदि हम वैयक्तिक अनुभव / मन की अन्विति से आरंभ करें तो नानात्व अविश्लेष्य हो जाता है। विविधता अथवा नानात्व के विकास की संभावना तभी होती है जब अन्विति में इसकी प्रच्छन्न संभावना हो। किंतु यदि ऐसी संभावना हो तो अन्विति वास्तविक अन्विति नहीं होती। अतः या तो अन्विति वास्तविक नहीं है या विविधता वास्तविक नहीं है। नव्य-विचारवाद की पूर्वमान्यताओं के अनुसार दोनों समान रूप से वास्तविक नहीं हो सकतीं।

अंत में, गतिविधि अथवा गतिशीलता की प्रख्यात संकल्पना की व्याख्या करना भी कठिन है। यदि इसे प्रारंभ-बिंदु मान भी लिया जाए तो इसे प्रगतिशील नहीं कहा जा सकता क्योंकि इस गतिविधि का न तो कोई अंत है, न ही कोई दिशा। इसको चक्रीय बनाने का प्रयास विश्वसनीय नहीं है। यह एक दिशाहीन गति है।

राजनीतिक दर्शनशास्त्र में जांतील के दर्शनशास्त्र के निहितार्थों की चर्चा भी दबे स्वर में की जाती रही है। कुछ आलोचकों के अनुसार यह सिद्धांत कि हमारा मन ही वास्तविकता का निर्माता है, कि इतिहास को मानव बनाता है, फासीवादी राजनीतिक सिद्धांत की दार्शनिक पृष्ठभूमि है। जांतील का व्यक्ति को तत्वमीमांसी स्वाधीनता से वंचित करने पर बल देना तार्किक रूप से व्यक्ति को स्वाधीनता से वंचित करने के फासीवादी सिद्धांत तक ले जा सकता है। अतः जांतील को फासीवाद का दर्शनशास्त्री कहना पूर्णरूपेण अनुचित न होगा।

यथार्थवाद में निष्ठा रखनेवाले के लिए नव्य-विचारवाद की समस्त चर्चा निरर्थक प्रलाप से अधिक कुछ भी नहीं। कदाचित् (कम से कम ज्ञानमीमांसा में) यथार्थवाद और विचारवाद के विरोधी दावों का समाधान यह है कि या तो उन्हें वैकल्पिक दर्शनशास्त्रों के रूप में स्वीकार कर लिया जाए या एक नितांत भिन्न समाधान यह हो सकता है कि परवर्ती रसल द्वारा दिए गए समाधान को मान लिया जाए।

टिप्पणियां एवं संदर्भ

1. सी.ई.एम. जोड, *इंट्रोडक्शन टु माडर्न फिलासफी,* आक्सफोर्ड यूनिवर्सिटी प्रेस, 1924, पृ. 43.
2. बी. क्रोचे, *एस्थेटिका.*
3. रगिएरो, *माडर्न फिलासफी,* अनुवाद : हैनी एवं कोलिंगवुड, पृ. 282.
4. बी. क्रोचे, *एस्थेटिका* (डब्ल्यू. कार द्वारा अनूदित), *फिलासफी आफ क्रोचे* में संकलित, पृ. 59.
5. उपरोक्त, पृ. 14 (कार का अनुवाद, पृ. 69).
6. *एस्थेटिका,* पृ. 14 (कार का अनुवाद, पृ. 70).
7. उपरोक्त, पृ. 6 (कार का अनुवाद, पृ. 62).
8. उपरोक्त, पृ. 27 (कार का अनुवाद, पृ. 81).
9. *लॉजिका,* पृ. 16 (कार का अनुवाद, पृ. 81).
10. *प्रैक्टिका* (कार का अनुवाद, पृ. 13).
11. जी. जांतील, *दि थियरी आफ माइंड ऐज प्योर एक्ट* (अनुवाद : डब्ल्यू. कार), मैकमिलन, लंदन, पृ. 40.
12. उपरोक्त, पृ. 13.
13. उपरोक्त, पृ. 226-227.
14. उपरोक्त, पृ. 249.

अध्याय 4

व्यावहारिकतावाद

1

व्यावहारिकतावाद किसी एक विचारक द्वारा विकसित सुसंबद्ध एवं व्यवस्थित दर्शनशास्त्र नहीं है। यह नाम चिंतन की उन विभिन्न किंतु संबद्ध प्रवृत्तियों को दिया गया है जो आधुनिक पाश्चात्य दर्शनशास्त्र में दिखाई देती हैं। इस दर्शनशास्त्र से जिन विचारकों के नाम मुख्य रूप से जुड़े हुए हैं वे हैं—चार्ल्स पियर्स, विलियम जेम्स, जॉन डेवी और एफ.सी.एस. शिलर। इस दर्शनशास्त्र को 'व्यावहारिकतावाद' (प्रैग्मेटिज्म) नाम चार्ल्स पियर्स ने दिया। यह शब्द यूनानी शब्द 'प्रैग्मा' से निकला है जिसका अर्थ है कार्य, प्रयोग अथवा प्रायोगिक। शास्त्रीय यूनानी चिंतन से इस दर्शनशास्त्र का संबंध इस बात से भी प्रकट होता है कि व्यावहारिकतावादी विचारकों ने प्रोटेगोरस के इस सूत्र को न्यूनाधिक अपना आदर्श बनाया कि "मनुष्य ही समस्त वस्तुओं का मानदंड है।" यद्यपि व्यावहारिकतावाद एक सुगठित एवं निश्चित चिंतन-धारा नहीं है और व्यावहारिकतावादी लेखक अनेक बातों में एक-दूसरे से असहमत भी हैं, तथापि कुछ आधारभूत प्रस्थापनाओं के संबंध में उनमें पर्याप्त मतैक्य है। ये प्रस्थापनाएं मुख्य रूप से तीन प्रकार की हैं : (क) मनोवैज्ञानिक, (ख) तार्किक और (ग) तत्वमीमांसी। इन पर अलग-अलग विचार करने से पूर्व हम इस बात पर थोड़ा विस्तार से विचार करेंगे कि व्यावहारिकतावाद है क्या।

2

विलियम जेम्स के अनुसार व्यावहारिकतावाद कोई नया दर्शनशास्त्र नहीं है। उनका विचार है कि व्यावहारिकतावाद की चिंतन-शैली प्राचीन है—उतनी ही प्राचीन जितने कि सुकरात और अरस्तू हैं। उनके पश्चात लॉक, बर्कले, ह्यूम और अन्य भी जैसे सिग्वार्ट, माख, पियर्सन, पाइनकेर और सिमेल इस चिंतन-शैली को अपना चुके थे। पेपिनी एवं व्लोदेल ने समकालीन पाश्चात्य चिंतन में इस शैली को अपनाया है। तथापि आज के आधुनिक व्यावहारिकतावाद को मुख्यतः अमरीकी दर्शनशास्त्र माना जाता है और ऐसा मानना उचित

ही है। व्यावहारिकतावाद के दो सशक्त चिंतक विलियम जेम्स एवं जॉन डेवी हैं और ये दोनों ही अमरीकी हैं। इंग्लैंड में व्यावहारिकतावाद के प्रतिनिधि एफ.सी.एस. शिलर हैं। इन तीनों में विलियम जेम्स को व्यावहारिकतावाद की नींव डालने का सबसे अधिक श्रेय जाता है। उनके मनोविज्ञान संबंधी लेखन का व्यावहारिकतावाद की प्रगति में महत्वपूर्ण योगदान रहा है। अपने लेखन में उन्होंने मन की गतिशील, चयनात्मक एवं संकल्पपरक प्रकृति, प्रत्यक्ष एवं संवेग के प्राणिशास्त्रीय महत्व की तर्क-पद्धति तथा सत्य का सिद्धांत प्रस्तुत किए हैं। डेवी जेम्स से प्रभावित भी हैं और उनका इस दर्शनशास्त्र में मौलिक अवदान भी है। व्यावहारिकतावाद में करणवाद एवं प्रयोगवाद उन्हीं की देन हैं। प्रत्यक्ष के संकल्पवादी सिद्धांत के अनुरूप वे मानते हैं कि ज्ञान, सत्य, विज्ञान, तर्कशास्त्र, ये सब जीवन में सफलतापूर्वक कर्म करने के साधन हैं और व्यक्ति के लिए ये जीवन में सफलता प्राप्त करने के प्रयोग भी हैं। डेवी ने अपनी व्यावहारिकतावादी अंतर्दृष्टि को शिक्षा के दर्शनशास्त्र में प्रयुक्त किया और शिक्षा का एक अत्यंत मौलिक दर्शनशास्त्र विकसित किया जिसके लिए उन्हें पर्याप्त ख्याति मिली। शिलर, जो इंग्लैंड के एकमात्र महत्वपूर्ण व्यावहारिकतावादी विचारक हैं, मानववाद के प्रणेता के रूप में विख्यात हुए। उनका मानववाद प्रोटेगोरस की इस प्रसिद्ध उक्ति पर बल देता है कि "मनुष्य ही समस्त वस्तुओं का मानदंड है।"[1] शिलर का मानववाद व्यावहारिकतावाद से अधिक व्यापक है। व्यावहारिकतावाद तो ज्ञान के सिद्धांत पर मानववाद की विशेष प्रयुक्ति मात्र है। सी.एस. पियर्स को जेम्स व्यावहारिकतावाद के प्रथम सिद्धांत का जनक मानते हैं। उनका मुख्य विषय व्यावहारिक परिणामों के संदर्भ में बौद्धिक संकल्पनाओं के अर्थों की तार्किक प्रणाली निश्चित करना है। पियर्स केवल व्यावहारिकतावाद में अपने अवदान के लिए नहीं बल्कि अपनी बहुमुखी प्रतिभा और भौतिकी, तर्कशास्त्र एवं खगोलशास्त्र जैसे विषयों में अपनी मौलिकता के लिए भी प्रसिद्ध हैं। जेम्स के एक शिष्य सी.आई. लेविस तो व्यावहारिकतावाद एवं प्रतीकात्मक तर्कशास्त्र में एक सुखद संबंध स्थापित करने में लगभग सफल हो गए थे। इन सब बातों का तथा मनोविज्ञान, तर्कशास्त्र एवं तत्वमीमांसा के क्षेत्र में विभिन्न विचारकों के अवदानों का परीक्षण करने से चिंतन की इस धारा की मुख्य विशेषताओं का ज्ञान प्राप्त किया जा सकता है।

मनोविज्ञान और व्यावहारिकतावाद

व्यावहारिकतावादी मनोविज्ञान मुख्यतः 'परमाणुवादी मनोविज्ञान' के विरुद्ध एक प्रतिक्रिया है। अतः व्यावहारिकतावादी मनोविज्ञान को समझने के लिए पहले परमाणुवादी मनोविज्ञान की थोड़ी विवेचना आवश्यक है। परमाणुवादी मनोविज्ञान लॉक, बर्कले एवं ह्यूम के 'शास्त्रीय अनुभववाद' की देन है। इन विचारकों की न्यूनाधिक सामान्य धारणा यह है कि प्रत्यक्ष के क्षण में हम उस भौतिक पदार्थ के कतिपय ऐंद्रिक प्रभावों / विचारों / प्रतिनिधानों को ग्रहण करते हैं और उस वस्तु को हम इन्हीं प्रतिनिधानों के माध्यम से

जानते हैं। हमें किसी भी भौतिक पदार्थ का, उदाहरण के लिए एक मेज का सीधा संज्ञान नहीं होता। जब हम समझते हैं कि हमें मेज का संज्ञान है तब वास्तव में जो संज्ञान हमें है वह है कड़ेपन, चिकनेपन, चौकोरपन, सफेदी और ऐसे ही अन्य पृथक-पृथक संवेदनों का संज्ञान। मेज का सीधा प्रत्यक्ष तो होता ही नहीं। जैसाकि पहले भी कहा जा चुका है, जब ऐसे परमाणुवादी मनोविज्ञान के निहितार्थों को पूर्ण रूप से विकसित किया जाता है तो तार्किक रूप से उनकी परिणति अहंमात्रवाद में होती है। कांट ने इस समस्या का समाधान अन्य प्रकार से करने का प्रयास किया। उन्होंने संज्ञाता मन की शक्तियों को एक ऐसा उपकरण प्रदान किया जो 'अहंप्रत्यय के संश्लिष्ट एकत्व' के माध्यम से इंद्रिय-प्रदत्त के नानात्व को अन्विति प्रदान करता है। यहां से इस विवाद में व्यावहारिकतावादी भी सम्मिलित हो जाते हैं। उन्हें न तो अनुभववादियों की स्थापना स्वीकार्य है और न ही कांट द्वारा प्रस्तुत समाधान। उनका तो विचार है कि कांट को प्रदत्त में हस्तक्षेप करने का अधिकार ही नहीं है। उनकी दृष्टि में कांट की यह धारणा भी उचित नहीं है कि मन के संश्लिष्ट व्यापार के माध्यम से प्राप्त बोध के प्रवर्गों को ऊपर से लादने पर उसे इंद्रिय-प्रदत्त तत्व स्वीकार कर लेगा। व्यावहारिकतावादी ह्यूम के इस दावे का भी प्रत्याख्यान करते हैं कि परमाणुवादी मनोविज्ञान तार्किक रूप से संशयवाद की ओर ले जाता है और संपूर्ण स्थापना को ही सत्य के विरोध में खड़ा कर देता है।

जेम्स जोर देकर इस बात का दावा करते हैं कि चेतना आणविक संवेदनों से निर्मित होने के बजाय एक निरंतर समग्रता होती है। "चेतना स्वयं के समक्ष टुकड़ों में बंटी हुई प्रकट नहीं होती।" चेतना के सातत्य में संवेदन सीधे जुड़े होते हैं और उसी रूप में उनका अनुभव भी किया जाता है। प्रत्यक्ष की व्यावहारिकतावादी धारणा के अनुसार वस्तु एक सातत्य में प्रदत्त होती है और मानसिक क्रिया का सार यह है कि यह प्रदत्त निरंतर समग्रता के तत्वों को तोड़ता एवं उन्हें अलग करता है। अनुभव के विश्लेषण में मन सक्रिय रहता है। वह अनावश्यक तत्वों की छंटनी करके उन तत्वों को चुन लेता है जो इसके लिए उपयोगी होते हैं। इस प्रकार अनुभव अणु-अणु बिखरा हुआ नहीं होता, यह एक अटूट सातत्य होता है। अनुभव में मन कोई सादी तख्ती नहीं होता। यह सक्रिय होता है और अपनी क्रिया के माध्यम से अनुभव का विश्लेषण करता है। यह उन तत्वों को चुन लेता है जो इसके लिए उपयोगी होते हैं और अनुपयोगी तत्वों को छोड़ देता है।

जेम्स चेतना के पांच महत्वपूर्ण लक्षण बताते हैं : (1) चेतना / विचार वैयक्तिक है क्योंकि यह सदैव किसी न किसी व्यक्ति की चेतना / विचार होता है। (2) विचार निरंतर प्रवाह अथवा परिवर्तन की स्थिति में रहता है; यह स्थिर कभी नहीं होता। (3) विचार में संवेद्य निरंतरता होती है अर्थात् इसमें होनेवाला कोई भी परिवर्तन अचानक, निरुद्देश्य अथवा अर्थहीन नहीं होता। (4) विचार को एक प्रकार्य पूरा करना होता है। यह प्रकार्य है संज्ञान करना और संज्ञान की वस्तुएं इस पर अनाश्रित होती हैं। (5) विचार अपने ही

हित और उद्देश्य के लिए अपने कुछ पक्षों को चुन लेता है और कुछ को छोड़ देता है और यही कारण है कि मानव-मन की प्रकृति चयनशील होती है। जेम्स का कहना है : "बाह्य व्यवस्था की लाखों वस्तुएं मेरी ज्ञानेंद्रियों के समक्ष उपस्थित रहती हैं जो कभी उचित रूप से मेरे अनुभव में प्रविष्ट नहीं होतीं। क्यों ? कारण कि इनमें मेरी कोई रुचि नहीं है। मेरा अनुभव वही है जिसे मैं अनुभव करना चाहूं। केवल वे ही वस्तुएं मेरे मन को आकार देती हैं जिन पर मैं ध्यान देता हूं; चयनात्मक रुचि के बिना तो अनुभव पूर्णतः गड्डमड्ड हो जाएगा। किसी भी बात में मात्र रुचि से ही बल और तीक्ष्णता, प्रकाश और छाया, पृष्ठभूमि और अग्रभूमि—एक शब्द में, बुद्धिगम्य परिप्रेक्ष्य—का समावेश होता है। प्रत्येक प्राणी में यह भिन्न होता है किंतु इसके अभाव में प्रत्येक प्राणी की चेतना एक धूसर गड्डमड्ड विशृंखलता हो जाएगी जिसकी कल्पना करना भी हमारे लिए असंभव है।"[2]

तर्कशास्त्र

दार्शनिक ज्ञान के क्षेत्र में व्यावहारिकतावाद का सबसे महत्वपूर्ण अवदान सत्य और भ्रांति की समस्या से संबंधित है। इससे संबंधित विचारों का पूर्वाभास जेम्स की प्रसिद्ध रचना *दि विल टु बिलीव* में मिलता है। जिस प्रस्थापना की वे हिमायत करते हैं वह यह है कि विशेष स्थितियों में जब धार्मिक और नैतिक मामलों में कार्यविधि निश्चित करने में उलझन उत्पन्न हो जाए तो अनेक परस्पर विरोधी विकल्पों में से किसी एक को अपना लेना उचित होता है, भले ही इसके पक्ष में पर्याप्त प्रमाण या औचित्य न हो। इस चयन अथवा निर्णय का आधार सामान्यतः बौद्धिक नहीं होता। इसका आधार होता है 'भावनात्मक रूप से संतोषप्रद' होना। "हमारी रागयुक्त प्रकृति के लिए यह विधिसम्मत ही नहीं, अनिवार्य भी है कि हम उस समय उपलब्ध प्रस्थापनाओं में से किसी एक को चुनें जब हमारे समक्ष ऐसे सच्चे चुनाव की स्थिति हो जिसमें उसकी प्रकृति के कारण बौद्धिक आधार पर चुनना संभव न हो।"[3] इसका तात्पर्य यह हुआ कि चूंकि विभिन्न लोगों को विभिन्न आस्थाओं में भावनात्मक संतोष मिलता है अतः उनका विभिन्न आस्थाएं रखना औचित्यपूर्ण है। चिंतन की इस दिशा को जब पूर्ण अभिव्यक्ति मिलती है तो यह सत्य के व्यावहारिकतावादी सिद्धांत को दर्शाती है।

यदि यह मान लिया जाए कि लोग उन आस्थाओं को सत्य मानते हैं जो भावनात्मक रूप से संतोषप्रद होती हैं तो एक कदम आगे बढ़कर यह भी कहा जा सकता है कि "सच्ची आस्था वह है जो भावनात्मक रूप से संतोषप्रद हो" या संक्षेप में कहें तो "सच्ची आस्था वह है जिससे कार्य सिद्ध हो।" यही सत्य के अर्थ का व्यावहारिकतावादी सिद्धांत है। सत्य और उपयोगिता के संबंध का निरूपण करते हुए जेम्स लिखते हैं : "इसके संबंध में आप या तो कह सकते हैं कि 'यह उपयोगी है क्योंकि यह सत्य है' या कि 'यह सत्य है क्योंकि यह उपयोगी है।' इन दोनों बातों का एक ही तात्पर्य है कि यह एक ऐसा विचार है जिसे पूरा किया जा सकता

है और जिसका सत्यापन हो सकता है। जो भी विचार सत्यापन की प्रक्रिया को आरंभ करे वही सत्य विचार है और वास्तविक अनुभव में इसके पूर्ण हुए प्रकार्य का नाम ही उपयोगी है। सच्चे विचारों को तब तक सच्चे विचारों के रूप में दर्शाया नहीं जा सकता, उन्हें कभी समूहवाचक नाम नहीं दिया जा सकता, और मूल्यपरक नाम तो कदापि नहीं जब तक कि वे आरंभ से उपयोगी न रहे हों।"[4] अतः यह कहा जा सकता है कि जब कोई आस्था हमारे लक्ष्य में सहायक होती है तो वह सच्ची होती है और जब हमारे लक्ष्य को असफल करती है तो मिथ्या होती है।

किंतु लक्ष्य की सफलता अथवा असफलता की पुष्टि एकाएक तो नहीं की जा सकती। इसे जानने के लिए लंबा अनुभव अपेक्षित है और यही कारण है कि व्यावहारिक अनुभव के माध्यम से सत्यापन का प्रश्न इस संदर्भ में महत्वपूर्ण है। विलियम जेम्स इस सारी बात को संक्षेप में इस प्रकार कहते हैं : "जो कुछ भी अपने को आस्था के रूप में श्रेयस्कर सिद्ध करे और अपने श्रेयस्कर होने का निश्चित प्रमाण भी दे उसी का नाम सत्य है। अत्यंत संक्षेप में कहें तो 'सत्य' केवल सोचने के ढंग में कार्यसाधक मात्र है, ठीक उसी प्रकार जिस प्रकार 'उचित' हमारे आचरण में कार्यसाधक है, चाहे वह किसी भी रूप में कार्यसाधक हो, चाहे दीर्घावधि में ही कार्यसाधक हो और कुल मिलाकर कार्यसाधक तो हो ही।"

यद्यपि सत्य का यह सिद्धांत सामान्य-बुद्धिजन्य विश्वास के निकट प्रतीत होता है, फिर भी तर्कशास्त्र की दृष्टि से यह असामान्य है और इसके विरुद्ध अनेक आपत्तियां उठाई गई हैं। सत्य का पारंपरिक रूप से स्वीकृत सिद्धांत उस सिद्धांत के निकट है जिसे सत्य का संगति-सिद्धांत कहते हैं। इस सिद्धांत में सामान्यतः यह माना जाता है कि यदि कोई कथन जिस वस्तुस्थिति के बारे में है, उसके साथ मेल खाता है तो सत्य है और यदि मेल नहीं खाता तो मिथ्या है। दीर्घ काल से चली आ रही इस दार्शनिक मान्यता का प्रत्याख्यान करके इसके स्थान पर व्यावहारिकतावादी अपनी व्याख्या प्रस्तुत करते हैं।

व्यावहारिकतावादी संगति के सिद्धांत की मूल प्रस्थापना को चुनौती नहीं देते। किंतु वे एक बात की ओर वाजिब तौर पर ध्यान दिलाते हैं कि जब हमें वास्तविकता का संज्ञान प्रत्यक्ष रूप से होता है तो इस संबंध में कोई आस्था रखने की आवश्यकता ही क्या है। जब तक वास्तविकता का प्रत्यक्ष संज्ञान नहीं होता और वास्तविकता एवं आस्था के बीच संगति स्थापित नहीं होती तब तक आस्थाएं सच्ची ही प्रतीत होती हैं और संगति-सिद्धांत के पास इस समस्या का कोई समाधान नहीं है।

विचारवादियों द्वारा प्रतिपादित सत्य के संसक्ति-सिद्धांत की भी व्यावहारिकतावादियों के हाथों वही गति हुई। संसक्ति-सिद्धांत के अनुसार कोई वक्तव्य / आस्था तभी सत्य है जब आस्थाओं की प्रणाली से उसकी संसक्ति हो। इस पर व्यावहारिकतावादियों की आपत्ति है कि आस्थाओं की एक ऐसी पूर्णतः सुसंबद्ध प्रणाली का होना भी संभव है जिसका वास्तविकता से कोई संबंध ही न हो। उदाहरण के लिए विभिन्न गणितीय प्रणालियों

अथवा स्वप्नों की किसी सुसंगत प्रणाली को लिया जा सकता है। यदि विचारवादी परम सत्ता की बात करें तो इससे भी स्थिति में विशेष सुधार नहीं होगा क्योंकि यदि इसे सत्य को परखने का अतिरिक्त मानदंड माना जाए तो संगति के सिद्धांत की कठिनाइयां इसमें भी आ खड़ी होंगी। वास्तव में यह निश्चित करने का कोई व्यावहारिक ढंग है ही नहीं कि कोई आस्था-विशेष सत्य है अथवा मिथ्या।

इस प्रकार सत्य के सामान्यतः स्वीकृत सिद्धांत—संगति का सिद्धांत एवं संसक्ति का सिद्धांत—हमें कोई ऐसा व्यावहारिक साधन देने में असफल हैं जिसके द्वारा हम सत्य और मिथ्या में भेद कर सकें। यहां व्यावहारिकतावाद हमें एक ऐसी व्यावहारिक कसौटी देने में सफल रहने का दावा करता है। यह कसौटी उसके इस दावे में निहित है कि प्रत्येक आस्था के सत्य को उन व्यावहारिक परिणामों से परखना चाहिए जो उस आस्था से उत्पन्न होते हैं। व्यावहारिकतावादी तो यहां तक दावा करते हैं कि उनका सिद्धांत विज्ञान के नियमों पर भी प्रयुक्त होता है जो सामान्यतः सत्य के संगति-सिद्धांत पर आधारित माने जाते हैं। व्यावहारिकतावादियों का तो कहना है कि विज्ञान के नियम तो नियम ही नहीं होते। ये नियम न केवल घटित अथवा घट रही घटनाओं पर अपितु भावी घटनाओं पर भी प्रयुक्त होने का दावा करते हैं। किंतु भविष्य के संबंध में कोई भी निश्चित नहीं हो सकता, वैज्ञानिक भी नहीं। अतः वैज्ञानिक नियम वस्तुतः स्वीकृत मान्यताएं हैं जो कुछ नहीं अपितु मानव-निर्मित परिकल्पनाएं हैं जो अब तक घटित घटनाओं के संबंध में सत्य हैं। इन स्वीकृत मान्यताओं का निरंतर पुनरवलोकन होता रहता है और यह पुनरवलोकन इन मान्यताओं के व्यावहारिक परिणामों के परीक्षण के माध्यम से किया जाता है। सत्य और मिथ्या मान्यताओं में भेद करने का कोई अन्य साधन नहीं है। वैज्ञानिक मान्यताओं की प्रामाणिकता एवं स्वीकृति अथवा अप्रामाणिकता एवं अस्वीकृति इसी प्रकार निर्धारित की जाती हैं।

बौद्धिकतावादी तर्कशास्त्र को भी व्यावहारिकतावादी चुनौती देते हैं और यह स्थापित करने का प्रयास करते हैं कि कोई अनासक्त विचार हो ही नहीं सकता। ऐसा मान लेने का अर्थ तो यह मान लेना होगा कि विचार हमारे संकल्प, लक्ष्यों और इच्छाओं से स्वतंत्र होकर कार्य कर सकता है। बुद्धिवादियों की इस स्थापना के विरुद्ध कि विचार / बुद्धि स्वतंत्र रूप से वस्तुओं की प्रकृति को ग्रहण कर और समझ सकती है, व्यावहारिकतावादियों की धारणा है कि विचार कर्म का एक कार्यक्रम है जो क्रियाओं के किसी समूह द्वारा उत्पन्न होता है। डेवी का कथन है : "अपनी स्वाभाविक अवस्था में जब लोगों को किन्हीं समस्याओं का सामना नहीं करना पड़ता अथवा कठिनाइयों पर विजय नहीं पानी होती तो वे सोचने का कार्य नहीं करते।"[5] वे आगे लिखते हैं : "चिंतन एक ऐसी स्थिति का मुख्य लक्षण प्रतीत होता है जब सक्रिय विसंगति और असहमति के कारण, पहले के अबुद्धिवादी अनुभव के घटकों के संघर्ष के कारण कोई गंभीर बात, कोई समस्या उत्पन्न हो गई हो; जब कोई स्थिति तनावपूर्ण हो गई हो।"[6]

चिंतन का उदय तभी होता है जब प्रच्छन्न संघर्ष प्रकट चेतना में प्रवेश कर जाए। यह चिंतन की आधार-वस्तु प्रदान करता है और विचार तनाव का समाधान करने के लिए कार्यविधि के रूप में प्रकट होता है। अंततः इस विधि का सत्यापन, इसकी सत्यता इसके सफल निर्वाह में है। किंतु इस व्यावहारिकतावादी सिद्धांत से अनेक समस्याएं उठ खड़ी होती हैं। यह कहना कि समस्त विचार का संबंध कर्म से है, अतिशयोक्ति है और चिंतन के इतिहास, विशेषतः विज्ञान से इसकी संगति नहीं बैठती। गणित और तर्कशास्त्र का भावी कार्य-योजना से कोई संबंध नहीं है। यह दावा करना भी भूल है कि समस्त आकलनों या निर्णयों, यहां तक कि विगत को भी भावी के संदर्भ में देखा जाना चाहिए। व्यावहारिकतावादियों का यह आरोप कि बौद्धिकतावादी रूपवादी तर्कशास्त्र व्यर्थ है और यह न तो किसी नई जानकारी तक पहुंचता है, न ही कोई कार्यविधि प्रस्तुत करता है, रूपवादी तर्कशास्त्र की गलत समझ का परिणाम है। तर्कशास्त्र का संबंध प्रामाणिकता से है और यह प्राणाणिक तर्कों का रूप प्रस्तुत करता है।

फिर भी व्यावहारिकतावादी निरंतर इस बात पर बल देते रहे हैं कि व्यवहार-प्रयोग का संबंध लक्ष्य से है और यह कि किसी प्रस्थापना के सत्य या मिथ्या होने का निर्धारण उसके व्यावहारिक परिणामों से होता है। व्यावहारिकतावादियों की यह धारणा उचित ही है कि विचार सारतः किसी लक्ष्य को प्राप्त करने का साधन है। किंतु उनका इस बात का प्रत्याख्यान करना उचित नहीं प्रतीत होता कि चिंतन का अपना भी कोई लक्ष्य हो सकता है।

तत्वमीमांसा : सत् का सिद्धांत

यों तो व्यावहारिकतावाद के पास सत् अर्थात् वास्तविकता का कोई सिद्धांत नहीं है क्योंकि यह मुख्य रूप से एक पद्धति तथा सत्य और मिथ्या का एक सिद्धांत है। किंतु सत्य की बात करते हुए जेम्स कुछ ऐसा भी कहते हैं जिसकी प्रकृति तत्वमीमांसी प्रतीत होती है। शिलर भी अपनी रचना *स्टडीज इन ह्यूमनिज्म* में कुछ ऐसे सुझाव देते हैं जो स्थूल रूप से डेवी के भी हैं और जिनकी प्रकृति तत्वमीमांसी है।

जेम्स अनुभव की अपनी धारणा की व्याख्या करते हुए वास्तविकता की एक प्रकार की संकल्पना देते हैं। इस वास्तविकता का संज्ञान हमें अपने अनुभव में प्रत्यक्ष रूप से होता है और यह हमारे अनुभव का अतिक्रमण नहीं करती। जेम्स इस वास्तविकता के तीन पक्ष बतलाते हैं : (1) पहला पक्ष हमारी 'संवेदनाओं का प्रवाह' है, (2) दूसरा पक्ष 'हमारी संवेदनाओं अथवा उनकी प्रतिकृतियों के बीच के संबंधों' का है और (3) वास्तविकता के तीसरे पक्ष में 'पहलेवाले सत्य' होते हैं। यह विश्लेषण दर्शाता है कि वास्तविकता किस सीमा तक हम पर आश्रित रहती है। जेम्स का कहना है : ''वास्तविकता के संबंध में जो कुछ हम कहते हैं वह उस परिप्रेक्ष्य पर निर्भर है जिसमें हम उसे रखते हैं। इसका 'वह' इसका अपना होता है : किंतु 'क्या' 'किसका' पर

निर्भर होता है और 'किसका' निर्भर होता है हम पर।"[7] वास्तविकता हमें बनी-बनाई नहीं मिलती; इसे हम बनाते हैं। वास्तविकता के प्रवाह में से हम अपनी रुचि के तथ्यों को निकाल लेते हैं। यह कार्य हम उन संकल्पनाओं के द्वारा करते हैं जिन्हें हमारा मन इसी उद्देश्य से निर्मित करता है। यद्यपि किसी अज्ञात ऐंद्रिक तत्व का अस्तित्व हम पर आरोपित किया जाता है किंतु यह अज्ञात एवं दूरस्थ होता है और हमारे लिए वही होता है जो हम इसे बना देते हैं।

शिलर का मानववाद इसी धारणा का विस्तार है। वे प्रोटेगोरस की प्रस्थापना पर ही दृढ़ रहते हैं कि "मनुष्य ही समस्त वस्तुओं का मानदंड है।" हेगेल के इस महान विचार से कि "ब्रह्मांड की प्रक्रिया एवं चिंतन-प्रक्रिया एक ही हैं", 'अमानवीयकरण' का तत्व निकालकर वे हेगेल के सिद्धांत को 'सुधारने' का प्रयास करते हैं। यह चिंतन-प्रक्रिया मानव की चिंतन-प्रक्रिया है जो गतिशील एवं सोद्देश्य है और जो ब्रह्मांड को मानव के निकट लाती है।

इस प्रकार हम देखते हैं कि व्यावहारिकतावादी निरंतर उस विचार का विरोध करते हैं जिसमें अनासक्त ज्ञान एवं ब्रह्मांड की प्रक्रिया को निर्धारित करनेवाली स्वतंत्र वास्तविकता की बात कही गई है। उनकी मान्यता है कि ज्ञान मुख्यतः कर्म के लिए होता है और सत्य वह है जिससे कार्य सिद्ध हो। ज्ञान, सत्य अथवा वास्तविकता का कोई भी ऐसा सिद्धांत जो मानवीय कर्म के महत्व एवं सोद्देश्यता को कम करता हो, संदिग्ध सिद्धांत है और उसका प्रत्याख्यान किया जाना चाहिए। सत्य और वास्तविकता, दोनों ही हमारी आवश्यकताओं और इच्छाओं की पूर्ति के अनुकूल निर्मित होते रहते हैं और 'अनासक्त कर्म' एक मिथक मात्र है। अपने मनोविज्ञान, तर्कशास्त्र एवं तत्वमीमांसा में व्यावहारिकतावादी अपनी इस स्थापना पर दृढ़ रहे हैं कि "मनुष्य समस्त वस्तुओं का मानदंड है।"

3

आलोचनात्मक मूल्यांकन

यह सत्य है कि दर्शनशास्त्र, विशेषतः पारंपरिक दर्शनशास्त्र के क्षेत्र में व्यावहारिकतावाद को सामान्यतः बहुत गंभीरता से नहीं लिया जाता रहा है। बल्कि यह कुछ वैज्ञानिकों और हिसाबी-किताबी मनुष्यों के अधिक निकट रहा है जो व्यावहारिकतावाद को रोचक एवं स्वीकार्य पाते हैं। तथापि इस आंदोलन के विरुद्ध गंभीर प्रकृति की शास्त्रीय आपत्तियां उठाई गई हैं और इन्हें भी ध्यान में रखना आवश्यक है।

प्रथम आपत्ति अनुभव की प्रकृति के संबंध में है। अनुभव को व्यावहारिकतावादी एक निरंतर प्रवाह मानते हैं जिसमें से मन अपनी रुचि एवं आवश्यकतानुसार कुछ पक्षों को चुन लेता है। किंतु प्रश्न यह है कि यदि अनुभव भेदरहित निरंतर प्रवाह है तो मन

किस प्रकार उसमें से अपनी रुचियों एवं आवश्यकताओं के अनुकूल कुछ पक्षों को चुनता है। क्या हम यह मानें कि मन नितांत लक्षणहीन प्रवाह में से अपनी रुचि के पक्षों का निर्माण करता है अथवा इस प्रवाह में वास्तविक भेद होते हैं और मन उन्हें अपनी रुचि के अनुसार पहचानकर चुन लेता है ? व्यावहारिकतावादी के लिए तो दोनों ही स्थितियां दुविधापूर्ण हैं। मन के स्वतंत्र कर्म को स्वीकार कर लेना अंततः अंहमात्रवाद की ओर ले जाएगा जबकि वास्तविकता के स्वतंत्र लक्षणों को स्वीकार करने से व्यावहारिकतावाद का सार ही नष्ट हो जाएगा।

इसके अतिरिक्त यदि तथ्य हमारे द्वारा निर्मित होते हैं तो फिर विज्ञान की पूर्वस्वीकृत मान्यताओं का सत्यापन कैसे किया जाए जो बिना स्वतंत्र तथ्यों को स्वीकार किए नहीं किया जा सकता ? अतः विज्ञान की प्रत्येक पूर्वस्वीकृत मान्यता अथवा सत्यता के दावे को सत्यापित एवं सत्य मानना चाहिए क्योंकि जिन तथ्यों का निर्माण हम करेंगे वे निश्चित रूप से हमारी बनाई गई पूर्वमान्यताओं को सत्यापित करेंगे। अतः व्यावहारिकतावादी दो प्रकार के तथ्यों को स्वीकार करने पर बाध्य होता है—स्वतंत्र तथ्य और निर्मित तथ्य। इसका निर्मम तर्कशास्त्र हमें आभासी संसार और वास्तविकता (सत्) का संसार संबंधी कांटवादी धारणा की ओर ले जाता है जिसका और अधिक विकास हेगेल के दर्शन में मिलता है। ऐसी स्थिति तो व्यावहारिकतावादी के लिए आत्मघाती होगी।

अंत में, सत्य की व्यावहारिकतावादी परिभाषा की सभी ने, अर्थात् यथार्थवादियों एवं विचारवादियों ने समान रूप से कड़ी आलोचना की है। व्यावहारिकतावादी सत्य को यह अर्थ देते हैं—"वह जो भावनात्मक संतोष प्रदान करे।" इसके संबंध में बरट्रेंड रसल का कहना है कि इसकी व्युत्पत्ति 'मीन्स' शब्द के प्रयोग की संदिग्धता में है। अंग्रेजी का 'मीन्स' शब्द निम्न दोनों अर्थों में प्रयुक्त होता है—उदाहरण के लिए, "काले मेघों का अर्थ है वर्षा", या "वृष्टि का अर्थ है वर्षा।" पहले उदाहरण में निहितार्थ / कारक का भाव है जबकि दूसरे उदाहरण में समानार्थकता है। व्यावहारिकतावादी पहले अर्थ को स्वीकार करते प्रतीत होते हैं अर्थात् वह जो संतोष का कारक है। किंतु फिर वे दूसरे अर्थ को भी ग्रहण करने का संकेत देते हैं। यह तर्क भी दिया जाता है कि यदि जो भावनात्मक रूप से संतोषप्रद है वही सत्य है तो एक ही आस्था किसी के लिए सत्य होगी और किसी के लिए मिथ्या। कारण कि किसी के लिए वह भावनात्मक रूप से संतोषप्रद होगी तो किसी के लिए नहीं होगी। एक ही आस्था अथवा स्थापना को सत्य और मिथ्या, दोनों ही मान लेना हास्यास्पद होगा। वस्तुतः सत्य व्यक्तियों पर आश्रित होता ही नहीं; यह उनसे स्वतंत्र होता है और इसी रूप में उसे समझा भी जाना चाहिए। यदि व्यावहारिकतावादी दावे को स्वीकार कर लिया जाए तो अंततः यह स्वीकार करना पड़ेगा कि समस्त आस्थाएं सत्य होती हैं। इसी प्रकार यदि इसके निहितार्थों को नीतिशास्त्र में प्रयुक्त किया जाए तो सभी कार्यों को नैतिक रूप से श्रेयस्कर या शुभ मानना होगा क्योंकि उनसे किसी न किसी

का कार्य सिद्ध होता है। ये विलक्षण प्रस्थापनाएं हैं और आचरण की स्वीकृत संहिता का अतिक्रमण करती हैं।

तथापि, यदि प्रत्यक्ष के व्यावहारिकतावादी सिद्धांत को माना जाए तो सत्य और श्रेयस् का व्यावहारिकतावादी सिद्धांत तर्कानुसार मान्य होगा और इस अर्थ में व्यावहारिकतावाद तार्किक रूप से एक सुसंगत सिद्धांत है।

टिप्पणियां एवं संदर्भ

1. एफ.सी.एस. शिलर, *स्टडीज इन ह्यूमनिज्म,* प्रथम संस्करण, दूसरा निबंध.
2. विलियम जेम्स, *प्रिंसिपुल्स आफ साइकोलाजी,* खंड 1, पृ. 402-3.
3. विलियम जेम्स, *दि विल टु बिलीव,* पृ. 26.
4. विलियम जेम्स, *दि मीनिंग आफ ट्रुथ,* पृ. 204.
5. जान डेवी, *रिकंस्ट्रक्शन इन फिलासफी,* पृ. 139.
6. जान डेवी , *एसेज इन एक्सपेरिमेंटल लॉजिक,* खंड 2.
7. विलियम जेम्स, *प्रैग्मेटिज्म,* पृ. 246.

अध्याय 5

बर्गसाँ का दर्शनशास्त्र

1

आधुनिक पाश्चात्य दर्शनशास्त्र के क्षेत्र में फ्रांसीसी दार्शनशास्त्री हेनरी बर्गसाँ (1859-1941) को व्यापक मान्यता एवं आदर मिलता है। पाश्चात्य दर्शनशास्त्र के क्षेत्र में बर्गसाँ ने अपना जो महत्वपूर्ण स्थान बनाया है उसका कारण केवल उनके चिंतन की मौलिकता और उन्हें विज्ञान, विशेषतः प्राणिविज्ञान का गहन ज्ञान ही नहीं है अपितु उनकी प्रांजल साहित्यिक शैली एवं उत्कृष्ट व्याख्या भी है। व्यावहारिकतावाद की भांति बर्गसाँ का दर्शनशास्त्र भी 'शिलारूप विश्व' की संकल्पना के विरुद्ध एक विद्रोह है। यह संकल्पना हेगेलीय परम विचारवाद एवं उससे उत्पन्न बौद्धिकतावाद में मिलती है। जिस प्रकार विलियम जेम्स का व्यावहारिकतावाद उनके मनोविज्ञान से आरंभ होता है, उसी प्रकार बर्गसाँ की शक्ति प्राणिविज्ञान एवं अन्य जैविक विज्ञानों का उनका गहन ज्ञान है। जिस प्रकार व्यावहारिकतावादियों को अपना आदर्श प्रोटेगोरस की इस सूक्ति में मिला कि "मनुष्य ही प्रत्येक वस्तु का मानदंड है", उसी प्रकार बर्गसाँ के दर्शनशास्त्र का आदर्श हेराक्लाइटस की इस प्रस्थापना में निहित है कि "प्रत्येक वस्तु परिवर्तनशील है।" बर्गसाँ ने इस उक्ति को गंभीरता से लिया और इसे इसके समुचित निष्कर्ष तक विकसित किया। इस प्रक्रिया में उन्होंने अनेक दार्शनिक मतों पर नए सिद्धांत भी दिए।

बर्गसाँ के महत्वपूर्ण सिद्धांत तीन मुख्य रचनाओं (अंग्रेजी अनुवाद) में मिलते हैं : *टाइम एंड फ्री विल* (1888), *मैटर एंड मेमरी* (1896) और *क्रिएटिव एवाल्यूशन* (1907)। बर्गसाँ की उत्कृष्ट साहित्यिकि शैली के बावजूद उनके दर्शनशास्त्र को समझना वास्तव में कठिन है। उनके दर्शनशास्त्र का मुख्य विषय हेराक्लाइटस का यह सिद्धांत है कि "प्रत्येक वस्तु परिवर्तनशील है" और विभिन्न उपागमों के माध्यम से बर्गसाँ इसकी स्थापना करते हैं। बर्गसाँ के दार्शनिक निरूपण को हम तीन मुख्य भागों में विभाजित कर सकते हैं : (1) अपनी केंद्रीय स्थापना तक पहुंचने के लिए बर्गसाँ द्वारा निर्मित विभिन्न उपागम, (2) इन उपागमों का मूल्यांकन और (3) उस

शक्ति की प्रकृति जिसके माध्यम से हम इस सबके प्रति सचेत होते हैं ।

2

बर्गसाँ को प्राणिविज्ञान के गहन ज्ञान का लाभ प्राप्त था और उनके विकास (सृजनात्मक विकास) एवं यथार्थ के सिद्धांत पर इस ज्ञान का बहुत प्रभाव पड़ा ।

बर्गसाँ के समय तक विकास के दो सिद्धांत मुख्य रूप से प्रचलित थे—डार्विन का सिद्धांत और लामार्क का सिद्धांत । डार्विन का सिद्धांत सुप्रसिद्ध है और इसे विस्तार से दोहराने की आवश्यकता नहीं है । डार्विन की मान्यता है कि विकास की प्रक्रिया में योग्यतम ही उत्तरजीवी होते हैं और योग्यतम प्रजातियां वे हैं जिनमें 'सहज वरण' के माध्यम से मानो कुछ सांयोगिक परिवर्तन होते हैं । प्रजातियों में ये परिवर्तन आकस्मिक रूप से होते हैं और इन परिवर्तनों के कारण जो प्रजातियां अपने पर्यावरण के सर्वाधिक अनुकूल बन जाती हैं उनमें ही उत्तरजीवी होकर अपना प्रजनन करने की क्षमता होती है । सारी प्रक्रिया शुद्ध संयोग पर आधारित प्रतीत होती है और इसके पीछे किसी प्रयोजनवाद अथवा सोद्देश्य अभिकल्प अथवा चालक शक्ति को देखना संभव नहीं है । दूसरी ओर लामार्क की मान्यता है कि पर्यावरण के अनुरूप अनुकूलन विकास का सबसे महत्वपूर्ण तत्व है । पर्यावरण में परिवर्तन के साथ प्रजातियां नए विकासों के माध्यम से अपने-आपको नए पर्यावरण के अनुकूल बनाने का प्रयास करती हैं । जो प्रजातियां अपने को नए पर्यावरण के अनुकूल बनाने में सफल रहती हैं वे बच जाती हैं और जो असफल रहती हैं वे धीरे-धीरे समाप्त हो जाती हैं । विकास के इन दोनों सिद्धांतों के संबंध में एक बात को बर्गसाँ ठीक ही समझते हैं कि एक आधारभूत बात पर ये दोनों सिद्धांत सहमत हैं । वह बात यह है कि विकास की प्रक्रिया की प्रकृति को दोनों ही मूलतः यांत्रिक मानते हैं । अतः विकास-प्रक्रिया के पीछे किसी चालक शक्ति अथवा उद्देश्य अथवा अभिकल्प की कल्पना अप्रासंगिक होगी । यह लक्षण विकास के उन सभी यांत्रिकतावादी सिद्धांतों में विद्यमान रहता है जो संसार को एक विराट घड़ी की भांति मानते हैं जो अपने सभी पुर्जों के यथास्थान व्यवस्थित होने पर स्वचालित रूप से कार्य करती है । यांत्रिकतावादी इस प्रकार वस्तुओं के व्यवस्थित क्रम के संबंध में 'आदि कारण' की धारणा को अनदेखा करते हैं ।

जैसाकि पहले ही कहा जा चुका है, बर्गसाँ इस प्रकार के विकास-सिद्धांत पर प्रश्नचिह्न लगाते हैं । डार्विन के सिद्धांत के संबंध में उनका कहना है : "विशेष रूप से हम यह कैसे मान लें कि विकास की दो स्वतंत्र धाराओं में केवल 'संयोगों' की शृंखला द्वारा ये विशिष्ट परिवर्तन, अर्थात् एकसमान परिवर्तन और एक ही क्रम में होते हैं जिसमें प्रत्येक स्थिति में अधिकाधिक संख्या में एवं अधिकाधिक जटिल तत्वों का पूर्ण संयोजन रहता है ?"[1]

बर्गसाँ लामार्क के सिद्धांत की इसलिए प्रशंसा करते हैं कि यह पर्यावरण के अनुसार अनुकूलन पर बल देता है । किंतु यह भी दोषपूर्ण है । उनका कहना है : "इस बात

से कोई इनकार नहीं करेगा कि अभ्यास के द्वारा किसी अंग को दृढ़ बनाया जा सकता है और उसको विकसित किया जा सकता है। किंतु इस विकास में और मोलस्क और रीढ़वाले प्राणियों की आंख के क्रमशः विकास में बहुत अंतर है।"[2] इसके अतिरिक्त अनुकूलन के सिद्धांत को मान भी लिया जाए तो यह समझना कठिन है कि एक जीव का प्रयास किस प्रकार पूरी प्रजाति और अगली पीढ़ी तक पहुंच जाता है।

बर्गसाँ कीट-पतंगों, प्राणियों, यहां तक कि वनस्पति-जगत से अनेक उदाहरण देते हैं जिनमें अचानक परिवर्तन हुए हैं और इनका विश्लेषण किसी यांत्रिकतावादी पूर्वमान्यता द्वारा नहीं किया जा सकता। अचानक होनेवाले इन विशिष्ट परिवर्तनों की व्याख्या न तो डार्विन और न ही लामार्क के सिद्धांत द्वारा की जा सकती है। कीटों में होनेवाले कायांतरण जैसी घटनाओं का कारण बताने में भी ये सिद्धांत असफल रहे हैं। बर्गसाँ ने विकास के प्रचलित सिद्धांतों के विरुद्ध मूल आपत्तियां उठाई हैं। "जीवन को बनाए रखने में सफलता को देखते हुए कहा जा सकता है कि अत्यंत निकृष्ट जीव भी उतनी ही कुशलता के साथ अस्तित्व की परिस्थितियों से अनुकूलन स्थापित कर लेता है जितनी कुशलता से हम करते हैं। फिर क्या कारण है कि जो जीवन अनुकूलन में सफल रहता है वह स्वयं को अधिकाधिक जटिल एवं खतरनाक रूप से जटिल बनाता जा रहा है?...जीवन वहीं क्यों नहीं थम गया जहां कहीं भी ऐसा होना संभव था? यह चलता ही क्यों रहा? इसका कारण इसके अतिरिक्त और क्या हो सकता है कि कोई ऐसा आवेग है जो इसे अधिकाधिक बड़े खतरे मोल लेने और अधिकाधिक क्षमता प्राप्त करने के लक्ष्य की ओर प्रेरित करता रहता है।"[3]

अचानक होनेवाले परिवर्तनों एवं कायांतरण जैसे तथ्यों से बर्गसाँ इस निष्कर्ष पर पहुंचते हैं कि उपर्युक्त आवेग एक प्रकार की सजीव अंतःप्रेरणा 'एलाँ विताल' होता है—एक अंतस्थ तत्व जो जहां कहीं भी जीवन हो उसमें व्याप्त है, उसे चालित करता है और उसमें संचार करता है। यही जीवन-शक्ति विकास को चालित करनेवाली शक्ति है जिसकी व्याख्या न तो यांत्रिकतावाद और न ही प्रयोजनवाद कर सकता है। बर्गसाँ का कथन है : "अतः हम कुछ-कुछ द्राविड प्राणायाम विधि से उसी विचार पर लौट आते हैं जहां से चले थे। यह विचार 'मूलशक्ति' का है जो विकसित जीवों के माध्यम से एक पीढ़ी के अंकुरों से दूसरी पीढ़ी के अंकुरों तक जाती है और ये विकसित जीव पीढ़ियों के अंतर को पाटते हैं। यह शक्ति विकास की उन्हीं धाराओं के साथ जीवित रहती है जिनमें यह बंटी होती है। यही शक्ति परिवर्तनों का मूल कारण है, कम से कम उन परिवर्तनों का जो नियमित रूप से हस्तांतरित होते हैं, संचित होते हैं और नई प्रजाति का सृजन करते हैं। सामान्य रूप से जब एक साझे प्रजाति-समूह से प्रजातियों का अपसरण आरंभ होता है तो विकास के साथ-साथ उनकी भिन्नता अधिकाधिक प्रखर होती जाती है। तथापि कुछ विशेष बिंदुओं पर उनका विकास एकरूप होता है; यदि एक साझी शक्ति की परिकल्पना की जाए तो वस्तुतः ऐसा होना अनिवार्य भी है।"[4]

इस प्रकार प्राणिविज्ञान के अपने गहन ज्ञान के आधार पर बर्गसाँ यह निष्कर्ष

निकालते हैं कि प्राणिविज्ञान द्वारा प्रस्तुत तथ्यों की शृंखला की व्याख्या केवल इसी पूर्वमान्यता के आधार पर की जा सकती है कि संसार 'एलाँ विताल' द्वारा, एक जीवन-शक्ति द्वारा किया गया सृजन एवं उसका आविर्भाव है। इस शक्ति का प्रकार्य निरंतर परिवर्तित होते रहना और अनियत रूप से विकसित होना है। यह मान लेना स्वाभाविक ही है कि बर्गसाँ का विकास-सिद्धांत निर्धारणवाद के सभी रूपों का प्रत्याख्यान करता है, भले ही यह रूप यांत्रिकतावाद का हो या प्रयोजनवाद का। इनमें से एक तो विगत के आधार पर वर्तमान का निर्धारण करनेवाला हैतुक निर्धारणवाद है और दूसरा वर्तमान का निर्धारण भविष्य के संदर्भ में करनेवाला प्रयोजनात्मक निर्धारणवाद है। ऐसी परिस्थितियों में किसी भी प्रकार की नवीनता संभव नहीं और नवीनता के नकार के इसी रूप से बर्गसाँ का विरोध है।

बर्गसाँ का मनोविज्ञान का अध्ययन भी उन निष्कर्षों की पुष्टि करता है जो उन्होंने प्राणिविज्ञान के अध्ययन से निकाले थे। मनोविज्ञान में यांत्रिकतावादी सिद्धांत का प्रतिरूप है मन और शरीर के बीच समांतरता का सिद्धांत जो अंततः मन को पूरी तरह नकारता है। समांतरवाद के अनुसार प्रत्येक मानसिक परिवर्तन का एक शरीरक्रिया-विज्ञानी प्रतिरूप होता है और इसका उलटा क्रम भी सत्य होना चाहिए। किंतु बर्गसाँ का तर्क है कि मस्तिष्क के कुछ अंशों को काटकर निकाल देने से किसी प्रकार का मनोवैज्ञानिक परिवर्तन नहीं होता। अपसामान्य मनोविज्ञान अथवा अवचेतन की व्याख्या शरीरक्रिया-वैज्ञानिक रूप से नहीं की जा सकती। इसकी व्याख्या केवल 'एलाँ विताल' (जीवन-शक्ति) के संदर्भ में ही की जा सकती है। आइए, देखें कि बर्गसाँ इसकी व्याख्या किस प्रकार करते हैं।

एलाँ विताल

इस संकल्पना की व्याख्या बर्गसाँ अनेक प्रकार से करते हैं। सरसरी दृष्टि से देखने पर चेतना मानसिक अवस्थाओं का क्रम प्रतीत होती है जो किसी प्रकार एक 'अहं' से बंधी होती है। किंतु क्या इसमें कोई वस्तु ऐसी है जो अपरिवर्तनशील है ? निकट से देखने पर स्पष्ट होता है कि 'मानसिक अवस्थाओं' में समय के साथ निरंतर स्फीति होती रहती है। बर्गसाँ की मान्यता है कि हम बिना चुके बदलते रहते हैं, और यह अवस्था अपने-आपमें परिवर्तन के अतिरिक्त और कुछ नहीं है।" "ऐसा कोई भाव, कोई विचार, कोई इच्छा नहीं है जो प्रत्येक क्षण परिवर्तित न होती रहती हो। यदि किसी मानसिक अवस्था में परिवर्तन होना बंद हो जाए तो इसकी अवधि का प्रवाह भी रुक जाएगा।" सच कहा जाए तो 'एक ही' मानसिक अवस्था में रहने और एक मानसिक अवस्था से दूसरी में जाने में कोई वास्तविक अंतर नहीं है। अवस्थाओं के क्रम पर हमारा ध्यान तभी जाता है जब हम उन पर ध्यान केंद्रित करते हैं। जब उन पर ध्यान केंद्रित नहीं होता तो प्रतीत होता है कि एक ही मानसिक अवस्था बनी हुई है। किंतु क्या वस्तुतः हमें किसी ऐसी वस्तु का अनुभव होता है जो अपरिवर्तनशील होती है ? क्या हम उस

अहं का अनुभव कर पाते हैं जो मानसिक अवस्थाओं के इस समस्त परिवर्तन में अचल बना रहता है ? बर्गसाँ की धारणा है कि ऐसा कोई अनुभव नहीं होता और न ही कोई वस्तु ऐसी होती है जिसमें परिवर्तन नहीं होता। कोई परिवर्तनशील 'स्व' नहीं होता जिसका तात्पर्य है कि 'स्व' परिवर्तन से परे होता है क्योंकि यह परिवर्तनों में अपने को बचाए रखता है। यह स्वयं परिवर्तन ही है।

बर्गसाँ का कहना है कि हम ऐसे प्राणी हैं "जो परिवर्तन में नहीं टिके रहते अपितु परिवर्तन द्वारा टिके रहते हैं।" "यदि हमारा अस्तित्व किसी निष्क्रिय अहं द्वारा जोड़ी गई भिन्न-भिन्न अवस्थाओं से बना होता तो हमारे लिए कोई वास्तविक समय होता ही नहीं। कारण कि जो अहं परिवर्तित नहीं होता वह बचा नहीं रहता और जो मानसिक अवस्था किसी अन्य मानसिक अवस्था द्वारा विस्थापित होने तक वैसी ही बनी रहती है वह भी नहीं बचती।" जिस सत्य को बर्गसाँ अपने चिंतन में खोलते हैं वह यह है कि कोई भी वास्तविकता परिवर्तनशील नहीं होती बल्कि परिवर्तन स्वयं वास्तविकता होता है।

इस विवेचना से जो सत्य उजागर होता है वह यह कि ब्रह्मांड वही अविराम परिवर्तन अथवा 'संभवन' है जिसे हम अपने भीतर अनुभव करते हैं। जिस प्रकार हमारे अनुभव में कोई ऐसा अहं नहीं होता जो परिवर्तनों में और परिवर्तनों के बाद अपरिवर्तनशील बना रहे, उसी प्रकार बाह्य संसार में भी ऐसा कोई अपरिवर्तनशील भौतिक पिंड नहीं होता जो परिवर्तनों में और उनसे गुजरकर अपरिवर्तनशील बना रहे। स्वयं पदार्थ कोई ऐसी वस्तु नहीं होता जो परिवर्तनों में बनी रहती हो अपितु यह परिवर्तन द्वारा बनी रहनेवाली वस्तु होता है अर्थात् यह स्वयं परिवर्तन होता है। संसार एक अविराम प्रवाह अथवा उद्वेलन है और विकास इसी प्रवाह अथवा उद्वेलन की गति के अतिरिक्त कुछ और नहीं है। यह 'आप्लावन का सातत्य' है जिसका न तो आदि है न अंत। इस उद्वेलन की प्रकृति 'प्राणवान' होती है जो संसार के अंतस्थ तत्व का निर्माण करती है। इसके साथ ही हम बर्गसाँ के प्रसिद्ध और आकर्षक सिद्धांत 'सृजनात्मक विकास' के विवेचन पर आते हैं।

सृजनात्मक विकास

जैसाकि हम देख चुके हैं, बर्गसाँ डार्विन और लामार्क, दोनों के ही विकास के सिद्धांतों का प्रत्याख्यान करते हैं क्योंकि ये दोनों ही निर्धारणवादी हैं। विकास के यांत्रिकतावादी एवं प्रयोजनवादी सिद्धांत भी समान रूप से अपूर्ण एवं असंतोषप्रद हैं। इनमें से एक तो वर्तमान का निर्धारण विगत के आधार पर करता है और दूसरा भविष्य के आधार पर। बर्गसाँ का विचार है कि विकास की सर्वोत्तम व्याख्या 'एलाँ विताल' अर्थात् जीवन-शक्ति के आधार पर की जा सकती है। 'एलाँ विताल' एक सामान्य जीवन-शक्ति है जो अपने को विभिन्न रूपों में अभिव्यक्त करने का प्रयास करती है किंतु साथ ही निरंतर संतुलन एवं सामंजस्य के लिए भी प्रयत्नशील रहती है। जिन विभिन्न रूपों में 'एलाँ विताल' अपने को अभिव्यक्त करता है, उनकी व्याख्या कार्य-कारण सिद्धांत अथवा प्रयोजनवाद के माध्यम

से नहीं की जा सकती। यह अनिर्धारित होता है, एक प्रोल्का (राकेट) की भांति जो फूटकर अगणित रंगों में खिल उठता है और इसमें वही संतुलन एवं सामंजस्य होते हैं जो सजीव प्राणी में होते हैं। किसी भी सजीव समग्रता के नाना घटकों में सामंजस्य रहता है क्योंकि वे उसी एक सरल क्रिया अथवा प्रवृत्ति की अभिव्यक्तियां हैं जो स्वयं को अनेक में विभक्त कर लेती है। बर्गसाँ कहते हैं : "प्रकृति की सरल क्रिया स्वतः ही अपने-आपको तत्वों की अनंतता में विभक्त कर लेती है और किसी विचार से इन तत्वों का समन्वय हो जाता है, ठीक उसी प्रकार जिस प्रकार मेरे हाथ का संचालन अनंत बिंदुओं की रचना कर देता है जो बाद में किसी समीकरण का समाधान करते हैं।"[5]

बर्गसाँ का दावा है कि जीवन-शक्ति के आविर्भावों के रूप में विकास-प्रक्रिया की उनकी व्याख्या डार्विन एवं लामार्क के सिद्धांतों की अपर्याप्तता एवं उनके असंतोषजनक तत्वों को समाप्त करके व्यापक रूप से विकास की वास्तविक प्रकृति को प्रकट करती है। सामंजस्यपूर्ण गतिशीलता विकास का मूल सिद्धांत है, उस विकास का जो किसी भी सजीव प्राणी में और उसके माध्यम से अभिव्यक्त होता है। विकास पुनरावर्ती नहीं होता अपितु नवीनताओं की सृष्टि करता है। इन नवीनताओं को एक ही मूलतत्व अस्तित्व में लाता है और वह है जीवन-शक्ति। आरंभ में अविभेदित रहनेवाला यह एक तत्व अपने निरंतर विभेदीकरण के माध्यम से निरंतर नए रूपों की सृष्टि करता रहता है।

3

यहां कुछ प्रश्नों का उठना स्वाभाविक है और इन प्रश्नों को हम एक-एक करके लेंगे। पहला प्रश्न है : वह कौन-सी शक्ति है जिसके माध्यम से हमें इस वास्तविकता—'एलाँ विताल'—का संज्ञान होता है ? दूसरे, जीवन-शक्ति के अतिरिक्त अस्तित्व के जो अन्य विभिन्न स्तर हैं, जैसेकि पदार्थ एवं चेतना, उनकी व्याख्या कैसे की जाए ? तीसरे, इसमें 'बुद्धि' की क्या भूमिका है जो सामान्यतः दार्शनिक चिंतन का, यहां तक कि सत् अर्थात् वास्तविकता के संज्ञान का भी प्रमुख साधन मानी जाती है ? बर्गसाँ ने इन सभी प्रश्नों के निश्चित उत्तर दिए हैं और यहां हम उन पर संक्षेप में विचार करेंगे।

अंतःप्रज्ञा

बर्गसाँ की मान्यता है कि जिस विधि से हम तत्वमीमांसी सत्य / सत्यों तक पहुंचते हैं वह *बुद्धि न होकर अंतःप्रज्ञा* होती है। अंतःप्रज्ञा और केवल अंतःप्रज्ञा के माध्यम से ही हम उस 'एलाँ विताल' (जीवन-शक्ति) में अपनी भागीदारी को अनुभव करते हैं जो वास्तविकता है। इस वास्तविकता के वास्तविक *समय* का पक्ष बहुत महत्व का है और इस महत्व को समझना हमारे लिए आवश्यक है।

पाश्चात्य दर्शनशास्त्र के इतिहास में समय के स्वरूप को लेकर लंबी बहसें चली हैं। इस क्षेत्र में बर्गसाँ का काल-दर्शन एक मौलिक अवदान है। वे समय की दो संकल्पनाओं

के बीच भेद करते हैं। एक तो गणित का या विज्ञान का समय होता है। यह समय भौतिक पदार्थों का संबंध मात्र है और उस सत् या वास्तविकता का अंश नहीं है जो 'भौतिक पदार्थों के बाह्य संसार' की वास्तविकता होती है। भौतिक वस्तुओं के संबंधों की व्याख्या करने के लिए जिस समय की आवश्यकता पड़ती है वह बुद्धि द्वारा निर्दिष्ट होता है। बुद्धि हमें यह सोचने पर बाध्य करती है कि वस्तुएं समय में एक-दूसरे की अनुवर्ती होती हैं। यह 'बाह्य जगत् की भौतिक वस्तुओं' के प्रत्यक्ष का बुद्धिवादी ढंग है, उसे यथार्थ रूप में देखने का नहीं।

बर्गसाँ एक दूसरे प्रकार के समय की बात करते हैं जिसे वे 'वास्तविक समय' कहते हैं। *वास्तविक समय 'एलाँ विताल' स्वयं* है। वास्तविक समय मात्र घटनाओं अथवा क्षणों का अनुक्रम ही नहीं है, यह "विगत की अविराम प्रगति है जो निरंतर भविष्य में अपने दांत गड़ाती रहती है।" प्राणधारी होने के नाते स्वयं हम भी वास्तविक समय के इस अविरल प्रवाह के भाग हैं और इस बात को केवल अंतःप्रज्ञा द्वारा समझा जा सकता है। अंतःप्रज्ञा अन्य कुछ नहीं अपितु हमारी सहज मूल-वृत्ति ही है जो अपने प्रति सचेत है। बर्गसाँ का कथन है : "अंतःप्रज्ञा सहानुभव है। यदि यह सहानुभव अपनी विषयवस्तु का विस्तार कर सके और आत्मचिंतन भी कर सके तो हमें सजीव कार्यकलाप को समझने की कुंजी दे सकता है। अंतःप्रज्ञा वह मूल-वृत्ति है जो अनासक्त, आत्मचेतन, अपनी विषयवस्तु पर चिंतन करने में समर्थ और इसे अनंत रूप से विस्तृत करने की क्षमता से संपन्न है।"

आगे, उस शक्ति का जिसके माध्यम से हमें सत् या वास्तविकता का संज्ञान होता है, अर्थात् अंतःप्रज्ञा का विश्लेषण करते हुए बर्गसाँ इसमें और बुद्धि में भेद करते हैं। बुद्धि विभेदक एवं विमर्शात्मक होती है और कभी वस्तु की मूर्त सत्ता को नहीं पकड़ सकती। यह मानो वस्तु के चारों ओर घूमती है और बाहर से ही उसका वर्णन करती है। अंतःप्रज्ञा सीधे वस्तु के भीतर पैठ जाती है और उसे समझ लेती है। उदाहरण के लिए 'सिंफनी' की प्रकृति को लेते हैं। बुद्धि सिंफनी के सुरों का और ऐसी ही अन्य बातों का वर्णन कर सकती है। किंतु यह अंतःप्रज्ञा ही है जो सिंफनी के भीतर पैठकर एक मूर्त सृजन एवं अविभाज्य समग्रता के रूप में इसका संज्ञान करती है। यह वैसा ही है जैसेकि सहानुभव पदार्थ के ठीक भीतर पैठकर उसके वैविध्य, वैभव, सामंजस्य एवं संपूर्णता को ग्रहण कर लेता है। बुद्धि इसको टुकड़ों में विभाजित तो कर सकती है किंतु उसकी संपूर्णता को ग्रहण नहीं कर सकती। अंतःप्रज्ञा हमें जीवन के अविरल प्रवाह और वास्तविक समय का ज्ञान प्रदान करती है, बुद्धि की भांति थमे हुए जड़ और मृत समय की गणितीय अथवा वैज्ञानिक धारणा नहीं। बर्गसाँ के विचार से दर्शनशास्त्र के लिए विज्ञान की बुद्धिवादी प्रणाली निर्दिष्ट करना भारी भूल होगी। विज्ञान की रुचि भौतिकता के व्यावहारिक जगत में होती है और वैज्ञानिक खोज के लिए बुद्धि उपयुक्त उपकरण है। किंतु दर्शनशास्त्र के लिए बुद्धिवादी पद्धति नितांत अनुपयुक्त है। बर्गसाँ

के अनुसार दर्शन का कार्य "उस ढलान पर आरोहण करना" होना चाहिए "जिसका भौतिकी अवरोहण करती है, अर्थात् भौतिक पदार्थ को उसके मूल तक लौटा लाना और क्रमशः एक ऐसी विश्वमीमांसा का निर्माण करना जो मनोविज्ञान का विपर्यास हो।"[6] "दर्शनशास्त्र तो केवल समग्रता में पुनः विलीन होने का, ⋯ जिस जीवन के सागर में हम निमग्न हैं उसमें डुबकी लगाने का प्रयास ही हो सकता है,⋯ उसमें विलीन होने का जिससे हमें श्रम करने एवं जीने की शक्ति मिलती है,⋯ जिससे भौतिक पदार्थ एवं बुद्धि दोनों ही उत्पन्न होते हैं।"[7] "दर्शनशास्त्र का लक्ष्य तभी प्राप्त किया जा सकता है जब इस अंतःप्रज्ञा को बनाए रखा जा सके, इसका सामान्यीकरण किया जा सके और सबसे बढ़कर बाह्य संदर्भों को सुनिश्चित किया जा सके ताकि वह पथभ्रष्ट न हो। इसके लिए आवश्यक है कि प्रकृति एवं मन के बीच अविराम संवाद बना रहे।"[8] इस प्रकार अंतःप्रज्ञा जो दर्शनशास्त्र में गतिशील सत् के बोध की एकमात्र पद्धति है, व्यक्तिनिष्ठ कल्पना मात्र नहीं है। यह एक सहकारमूलक गतिविधि है जिसमें जीवन के सभी भागीदार भाग लेते हैं। अंतःप्रज्ञा "केवल चिंतन में ही सहायक नहीं होती अपितु यह हमें कार्य करने और जीने की अधिक शक्ति भी प्रदान करती है।"

बुद्धि और भौतिक पदार्थ

अंतःप्रज्ञा की विवेचना में हम पहले ही अंतःप्रज्ञा के विपरीतार्थक के रूप में बुद्धि की चर्चा कर चुके हैं। यह भी कहा गया है कि बुद्धि विज्ञान की उपयुक्त पद्धति है क्योंकि विज्ञान का संबंध भौतिक पदार्थों एवं ऐसी ही अन्य वस्तुओं से होता है, किंतु यह दर्शनशास्त्र के लिए उपयुक्त पद्धति नहीं है क्योंकि दर्शनशास्त्र का संबंध सत् से है और सत् की प्रकृति गतिशील होती है। अपना कार्य करने के लिए बुद्धि को सत् की स्थिर धारणा अपनानी पड़ती है जबकि सत् परिवर्तन का अविरल प्रवाह है। इस प्रवाह में से बुद्धि उन अंशों को निकाल लेती है जो स्थिर माने जाते हैं और उन पदार्थों का निर्माण करती है जिन्हें ठोस पदार्थों अथवा भौतिक पदार्थों के रूप में जाना जाता है। इसी प्रकार चेतना की विभिन्न दशाओं के अनुक्रम को एक अन्विति माना जाता है जिसे मानव-मन कहते हैं। बर्गसाँ बुद्धि की तुलना कैमरे से करते हैं। इसकी प्रकृति चलचित्रवत् होती है। जब कैमरा गतिशील वस्तुओं के चित्र लेता है तो वे स्थिर हो जाती हैं और ऐसे अनेक स्थिर चित्रों को क्रमानुसार व्यवस्थित करने से गति का भ्रम उत्पन्न हो सकता है, जैसाकि मूवी कैमरा करता है। किंतु अलग-अलग देखने पर ये चित्र स्थिर होते हैं और इनमें कहीं कोई गति नहीं होती। बुद्धि सत् के जिन चित्रों को हमारे सामने प्रस्तुत करती है वे ठीक स्थिर चित्रों की शृंखला के समान होते हैं जो एक विशेष क्रम में व्यवस्थित किए जाने पर गतिशीलता का आभास देने में सफल रहते हैं। इस प्रकार बुद्धि सत् का जो चित्र हमारे सामने प्रस्तुत करती है वह मिथ्या चित्र होता है। बर्गसाँ कहते हैं : "यदि पदार्थ हमारे समक्ष अविरल धारा के रूप में प्रकट होता तो हमारी क्रियाओं का कोई अंत ही न होता⋯हमारी गतिविधि

की प्लुति एक कर्म से दूसरे कर्म तक हो इसके लिए आवश्यक है कि पदार्थ एक अवस्था से दूसरी अवस्था में प्रविष्ट होता रहे।'' इस प्रकार ठोस भौतिक वस्तुओं का बाह्य संसार बुद्धि का सृजन है जिसे वह 'एलाँ विताल' (जीवन-शक्ति) के अविरल प्रवाह में से निर्मित करती है। ठोस भौतिक पदार्थों का यह बाह्य जगत बुद्धिवादी पद्धति है अथवा मानो प्रवाह को रोककर गतिशील सत् को पकड़ने का प्रयास है। फिर भी भौतिक पदार्थ बुद्धि की कल्पना मात्र नहीं है। वास्तविकता में इसका अस्तित्व होता है किंतु एक भिन्न ही प्रकार से। बुद्धि और पदार्थ एक-दूसरे से जुड़े हुए हैं और उनका अस्तित्व भी एक-दूसरे पर आधारित है। पदार्थ वास्तविक समय में जीवन के प्लावन की विपरीत दिशा में बढ़नेवाली गति है। बर्गसाँ जीवन की तुलना एक प्रोल्का से करते हैं जिसके बुझे हुए अवशेष पदार्थ-रूप में पृथ्वी पर गिरते हैं। 'एलाँ विताल' एक सृजनात्मक प्रक्षेपण है जिसका वास्तविक समय अनंत है। किंतु यह गति व्याघात-मुक्त नहीं होती। कभी-कभी व्याघात के कारण यह स्प्रिंग की भांति पलटा खाकर अपने ही ऊपर आ रहती है। बर्गसाँ के अनुसार यह उलटी गति ही पदार्थ है। इस प्रकार रूपकों के माध्यम से की गई पदार्थ की व्याख्या उतनी स्पष्ट नहीं है जितनी कि बर्गसाँ से इसे करने की आशा की जा सकती है। एक ओर तो उन्हें पदार्थ की 'वास्तविकता' को बचाए रखना है और दूसरी ओर जीवन-शक्ति के प्रवाह को भी बनाए रखना है। पदार्थ की व्याख्या करने में बर्गसाँ को इस दुविधा का सामना करना पड़ता है। बर्गसाँ का विचार है कि यथार्थवादी एवं विचारवादी, दोनों ही पदार्थ की व्याख्या करने में भूलें करते हैं। पदार्थ को विचारवादी ''मन के भीतर स्थित करके उसे शुद्ध प्रत्यय बना देता है।'' ऐसे सिद्धांत की कठिनाइयां स्पष्ट हैं। यह सिद्धांत पदार्थ के उन निश्चित नियमों की व्याख्या करने में असफल रहता है जिनसे विज्ञान का संबंध होता है। यह सिद्धांत हमारे सामान्य प्रत्यक्ष का मखौल करता है। यह पदार्थ को मन का बिंब / प्रत्यय बनाकर उसे पूर्णतः मन पर आश्रित बना देता है। इसके ठीक विपरीत यथार्थवादियों की मान्यता है कि पदार्थ न केवल मन पर अनाश्रित है अपितु मानसिक बिंबों / विचारों को भी यही उत्पन्न करता है और यह स्वयं इनसे भिन्न होता है। इससे उत्पन्न होनेवाली समस्याओं की चर्चा हम पहले ही कर चुके हैं। बर्गसाँ इन दोनों अतियों को छोड़कर मध्यम मार्ग अपनाते हैं। उनका विचार है कि पदार्थ ''स्वयंभू बिंबों का योग है और यह मन पर आश्रित नहीं होता।'' ''पदार्थ ठीक वही होता है जो वह दिखाई देता है।''[9]

बर्गसाँ दो प्रकार से पदार्थ का निरूपण करते प्रतीत होते हैं। उनके उपर्युक्त विचार को 'पदार्थ की बाह्य धारणा' कहा जा सकता है—पदार्थ जैसाकि मन ने उसका प्रत्यक्ष किया है। किंतु बर्गसाँ पदार्थ की एक अन्य धारणा भी देते हैं जिसे पहली धारणा के विपरीत पदार्थ की आंतरिक धारणा कहा जा सकता है जो पदार्थ को 'जीवन की विपरीत गति' के रूप में निरूपित करती है।[10] ये दो उलटी और सीधी गतियां पदार्थ और मन / बुद्धि के रूप में प्रकट होती हैं। एक ही जीवन-शक्ति का विघटन एवं पुनर्गठन अबाध

गति से चलता रहता है। इसमें से पहला तो पदार्थ से जुड़ा है और दूसरा मन से। हमारा प्रत्यक्ष वास्तविकता को प्रकट नहीं करता। यह तो पर्यावरण के प्रति हमारे शरीर की कार्य-योजना एवं उसकी प्रतिक्रिया जैसा है। "हमारा प्रत्यक्ष दूसरों पर हमारे शरीर की संभावित क्रिया को संकेतित करता है।"[11] बर्गसाँ पुनः कहते हैं : "जिन आकृतियों का प्रत्यक्ष हम करते हैं वे एक प्रकार से हमारे प्रत्यक्ष द्वारा प्रकृति की सामग्री से काटकर निकाली जाती हैं, और किसी न किसी रूप में कैंची उन्हीं चिह्नित रेखाओं पर चलती है जिनके आधार पर कार्य किया जा सकता हो।"[12]

स्वतंत्र संकल्प और निर्धारणवाद

हमने देखा है कि बुद्धि के संबंध में बर्गसाँ एक नवीन धारणा अपनाते हैं। इसके अनुसार बुद्धि एक उपकरण है जिसे विकास के दौरान जीवन के लक्ष्यों को प्राप्त करने के लिए गढ़ा गया है। हमारे कार्यों को अलग-थलग दर्शाने में बुद्धि की भूमिका रहती है और कार्यों को अलग-थलग माने जाने से निर्धारणवाद के सिद्धांत को सत्याभास मिलता है। अपने-आपमें अलग से देखने पर प्रत्येक कार्य या तो मनोवैज्ञानिक या शरीरक्रिया-वैज्ञानिक रूप से सहैतुक निर्धारित प्रतीत होगा। किंतु हम देख चुके हैं कि बर्गसाँ उस धारणा का प्रत्याख्यान करते हैं जो जीवन को परिवर्तनशील अवस्थाओं का अनुक्रम मानती है। व्यक्ति का जीवन तो एक अबाध एवं अविभाज्य प्रवाह है और इस उचित परिप्रेक्ष्य में देखने पर हमारे कार्य स्वतंत्र एवं अनिर्धारित होते हैं। यह एक मूर्त समग्रता के रूप में, न कि मानसिक अथवा शरीरक्रिया-वैज्ञानिक अवस्थाओं के अनुक्रम के रूप में, अपने अस्तित्व के प्रत्येक क्षण में सृजनात्मक होता है। इससे नवीनता का जन्म होता है और जीवन का प्रवाह चलता रहता है। स्वतंत्र संकल्प इस सृजनात्मक कर्म के अतिरिक्त कुछ और नहीं है। निर्धारणवाद सत् के बुद्धिवादी दृष्टिकोण द्वारा हम पर आरोपित वह विश्वास है जो सत् को टुकड़ों में बिखरा हुआ दर्शाता है। अतः सत् को खंडित दिखानेवाले बुद्धिवादी दृष्टिकोण से देखने पर निर्धारणवाद में सत्य का आभास होता है किंतु वास्तविक समय / परिवर्तन के रूप में सत् की झलक दिखानेवाले अंतःप्रज्ञावादी दृष्टिकोण के अनुसार स्वतंत्र संकल्प परम और निर्बंध होता है। जीवन अविरल रूप से सृजनात्मक होता है।

यहां एक प्रश्न उठाया जा सकता है और इस अध्याय के अंत में हम ऐसे और भी प्रश्न उठाएंगे। प्रश्न है—स्वयं 'एलाँ विताल' का मूल अथवा स्रोत क्या है ? बर्गसाँ इसे अनुचित एवं भ्रमपूर्ण प्रश्न मानते हैं। 'एलाँ विताल' अपना स्रोत स्वयं है। दर्शनशास्त्रियों में सामान्यतः यह दोष पाया जाता है कि वे यह मानकर चलते हैं कि कहीं कोई स्थायी अपरिवर्तनीय सत् है जिसमें प्रत्येक वस्तु का स्रोत होता है। इस प्रकार के रुझानवाले दर्शनशास्त्रियों के लिए यह मानना कठिन होता है कि स्वयं परिवर्तन ही सत् है। कारण कि वे यह मानने लगते हैं कि किसी अपरिवर्तनीय सत्ता को स्वीकार न करने का अर्थ यह है कि "कुछ भी सत् नहीं है।" और चूंकि इस 'नास्ति' की कोई

स्पष्ट धारणा नहीं बनाई जा सकती, इसलिए व्यक्ति सभी वस्तुओं के एक अपरिवर्तनीय स्रोत को ही सत् मानने लगता है। बर्गसाँ का विचार है कि उन्होंने इन दो अतिवादी और अयथार्थ धारणाओं से हटकर एक मध्यम मार्ग प्रस्तुत किया है। अपरिवर्तनीय यथार्थ की धारणा की विश्वसनीयता का आधार यह है कि बुद्धिवादी पद्धति को ही दर्शनशास्त्र की एकमात्र पद्धति माना जाता है और हमने देखा है कि बर्गसाँ इसे किस प्रकार अस्वीकार करते हैं। इस कारण एक निरंतर प्रवाह के रूप में सत् की धारणा का अटूट संबंध अंतःप्रज्ञा को दर्शनशास्त्र की समुचित पद्धति स्वीकार करने से है। हम बर्गसाँ के दर्शनशास्त्र का संक्षिप्त मूल्यांकन करेंगे।

4

मूल्यांकन

हम पहले ही कह चुके हैं कि बर्गसाँ ने अपना दर्शनशास्त्र, जो निस्संदेह अत्यंत मौलिक है, आकर्षक साहित्यिक शैली में, सुस्पष्ट एवं प्रभावपूर्ण ढंग से प्रस्तुत किया है। उनकी महत्वपूर्ण रचनाओं को पढ़ते समय हम उसी रौ में बह जाते हैं। किंतु जब हम उनकी स्थापनाओं पर विचार करते हैं तो अनेक संदेह एवं कठिनाइयां उठ खड़ी होती हैं। ऊपर हमने कुछ का संकेत किया है।

बर्गसाँ के दर्शनशास्त्र की मुख्य कठिनाइयां उनकी मूल स्थापना से अर्थात् उनके सत् के सिद्धांत, उनकी तत्वमीमांसा से और, दूसरे, उनके तर्कों की प्रामाणिकता अर्थात् उनकी तर्क-पद्धति से हैं। समस्याओं पर अलग-अलग चर्चा करने से अच्छा यही होगा कि हम उन्हें इन्हीं दो शीर्षकों के अंतर्गत लें।

हमने देखा कि बर्गसाँ हेराक्लाइटस की इस सूक्ति को गंभीरता से लेते हैं कि प्रत्येक वस्तु परिवर्तनशील है अथवा केवल परिवर्तन ही सत् है। वे इसी मूल बात के इर्द-गिर्द अपना दर्शन विकसित करते हैं। बर्गसाँ का सत्—एलाँ विताल—एक अविरल प्रवाह अथवा धारा है। यह शुद्ध संभवन है, अखंड एवं लक्षणों से मुक्त, क्योंकि इसमें व्यष्टिकरण के लिए दरारों का कोई स्थान नहीं है। समस्त व्यष्टिकरण बुद्धि की कुकल्पना के कारण होते हैं जो हमारे व्यावहारिक उद्देश्यों के लिए प्रवहमान सत् से पदार्थों / स्थिर वस्तुओं को उकेर लेती है। इस प्रकार बुद्धि ही नानात्व एवं स्थिरता को उत्पन्न करने का एकमात्र स्रोत है और इसका प्रयोग व्यावहारिक लक्ष्यों के लिए होता है।

व्यावहारिकतावादी सिद्धांत से इस संकल्पना की समानता स्पष्ट दिखाई देती है और वे सभी दोष बर्गसाँ के दर्शनशास्त्र में भी पाए जाते हैं जिनसे सत् का व्यावहारिकतावादी सिद्धांत ग्रस्त है। यदि बुद्धि ही लक्षणमुक्त सत् में व्यष्टिगत लक्षणों को उत्पन्न करती है तो ये सब लक्षण / व्यष्टियां यादृच्छिक होनी चाहिए। किंतु वास्तव में ऐसा होता नहीं है। यह आश्चर्य की बात है कि बुद्धि व्यक्ति के व्यावहारिक प्रयोग के लिए कागज और कलम को उकेरती है, ताश की गड्डी या केतली को नहीं। कहीं कोई बाध्यता अवश्य है या फिर ऐसे

प्रामाणिक आधार हैं जिनके बिना बुद्धि कार्य नहीं कर सकती। बुद्धि द्वारा उकेरी गई वस्तुएं शुद्ध रूप से यादृच्छिक सृजन नहीं होतीं और स्वयं सत् में ही अवश्य कोई ऐसा आधार है जिसका शोध बुद्धि करती है, उसे प्रकट करती है और उसकी व्याख्या करती है।

बर्गसाँ की पदार्थ की संकल्पना के संबंध में भी यही आपत्तियां उठाई जा सकती हैं। पदार्थ को वे प्रवहमान सत् का विपर्यस्त प्रवाह मानते हैं और इस विपर्यास का कारण व्याघात है। किंतु इन व्याघातों के उत्पन्न होने का कोई कारण भी तो होगा। वह क्या है? क्या यह 'एलाँ विताल' से, जिसे बर्गसाँ एकमात्र सत् मानते हैं, कोई भिन्न वस्तु है? यह पदार्थ तो हो नहीं सकता क्योंकि पदार्थ तो इससे उत्पन्न होता है। यदि बर्गसाँ गंभीरतापूर्वक इस आस्था पर टिके रहते हैं कि 'एलाँ विताल' ही एकमात्र सत् है तो हम यह निष्कर्ष निकालने पर बाध्य होंगे कि व्याघात का बीज और इसी कारण पदार्थ की उत्पत्ति भी बर्गसाँ के सत् के भीतर ही होती है। तब तो सत् लक्षणमुक्त, एक प्रवाह मात्र, शुद्ध संभवन नहीं है, अपितु बहुवर्णी और व्यक्त है और इसके अपने भीतर वे बीज या लक्षण निहित होते हैं जो परिवर्तन मात्र न होकर निरंतर होनेवाले परिवर्तन को बाधित करने की क्षमता भी रखते हैं। वे भी उसी प्रकार सत् के घटक हैं जिस प्रकार स्वयं परिवर्तन है।

यदि इस व्याख्या को स्वीकार नहीं किया जाता तो बुद्धि एवं पदार्थ से जनित वैविध्य और नानात्व को असत् और भ्रमपूर्ण घोषित करना पड़ेगा। इससे पूर्णतः भिन्न सत् का सिद्धांत प्रस्तुत करनेवाले भारतीय अद्वैत वेदांत ने ऐसी ही धारणा का प्रतिपादन किया है। किंतु बर्गसाँ ऐसे सिद्धांत के पक्ष में नहीं हैं और नानात्व को भ्रम मात्र मानते हैं। उनका कथन है : "सत् इस कारण देश में स्थित ठोस वस्तुओं से केवल निर्मित प्रतीत होता है क्योंकि हम ऐसा सोचने के लिए विवश हैं।" किंतु हम ऐसा सोचने के लिए विवश क्यों हैं? निस्संदेह सत् ही हमें ऐसा करने के लिए बाध्य करता है। इसका तर्कसंगत निष्कर्ष है : सत् शुद्ध अन्विति नहीं है अपितु इसके अपने भीतर ही बहुलता प्रच्छन्न रूप से निहित रहती है। यह निष्कर्ष बर्गसाँ की सत् की मूल धारणा के विरुद्ध है।

बर्गसाँ के सत् के सिद्धांत पर विचार करने के पश्चात् अब हम सत् को ग्रहण करने की पद्धति से संबंधित उनके तर्कों पर अर्थात् उनकी उस पद्धति पर विचार कर सकते हैं कि अंतःप्रज्ञा बुद्धि से भिन्न है।

बर्गसाँ ने अंतःप्रज्ञा का निरूपण श्रेष्ठ काव्यात्मक भाषा में किया है, किंतु इस बात को अस्वीकार नहीं किया जा सकता कि उनकी अंतःप्रज्ञा की धारणा अत्यंत अस्पष्ट और लगभग अग्राह्य है। अंतःप्रज्ञा का निरूपण ऐसी 'अपने प्रति चेतन सहज-वृत्ति' के रूप में किया जाता है जो अपना लक्ष्य प्राप्त करने में सक्षम होती है और इस लक्ष्य-प्राप्ति के माध्यम से अपने-आपको विशद और विस्तृत करती है। अंतःप्रज्ञा के संबंध में यह माना जाता है कि यह मनुष्य की अपेक्षा अन्य प्राणियों में अधिक शुद्ध एवं सबल रूप में पाई जाती है। सहज-वृत्ति में चपलता एवं शक्ति होती है। अंतःप्रज्ञा की परिभाषा 'आत्मचेतन

सहज-वृत्ति' के रूप में की गई है अर्थात् जिस सहज-वृत्ति में चेतना / बुद्धि का सम्मिश्रण हो वह अंतःप्रज्ञा है। अंतःप्रज्ञा अपने-आपमें तत्वमीमांसी सत्यों का ज्ञान प्रदान करने में सक्षम नहीं होती; सत् की झलक पाने के लिए इसे बुद्धि का सहारा लेना पड़ता है। बर्गसाँ की अंतःप्रज्ञा संबंधी धारणाओं के विरुद्ध निम्नलिखित तर्क उठाए जा सकते हैं।

1. बर्गसाँ के अनुसार मनुग्य एवं अन्य प्राणियों के बीच अंतर जाति का है, कोटि का नहीं और यह अंतर इस बात से प्रकट है कि मनुष्य में तो विकसित बुद्धि होती है जबकि पशुओं में बुद्धि नहीं के बराबर होती है। पशुओं, विशेषतः कीटों में अंतःप्रज्ञा बहुत प्रबल होती है जबकि मनुष्य में यह पर्याप्त क्षीण एवं विच्छिन्न होती है। बर्गसाँ की इस खोज का अनेक मनोवैज्ञानिकों ने विरोध किया है क्योंकि यह तथ्यों से मेल नहीं खाती। इसके विपरीत, सामान्य मान्यता यह है कि अवचेतन मनुष्य और पशु, दोनों की ही क्रियाओं में समान रूप से कार्यरत रहता है और उसी प्रकार प्रकृति में भी रहता है। पशु और मनुष्य, दोनों ही प्रगतिशील विकास के एक ही पथ पर अग्रसर हैं और उनके बीच अंतर कोटि का है, जाति का नहीं।

2. जैसाकि ऊपर कहा गया है, बर्गसाँ मनुष्य और पशु के बीच जाति का भेद मानते हैं और मनुष्य को गंभीर अर्थ में विकास का शिखर मानते हैं, एक ऐसा उदाहरण जिसमें 'एलाँ विताल' पदार्थ की निर्धारणकारी शक्तियों का सफलतापूर्वक भेदन करके स्वतंत्रता को स्थापित करता है। पशु तलछट की भांति और विकास के उस क्षेप का अवशेष माने गए हैं जो 'असफल रहा है।'

किंतु कदाचित् न तो मनोविज्ञान एवं न ही जीवविज्ञान ऐसे सिद्धांत की पुष्टि करेगा। बर्गसाँ स्वयं यह मानते हैं कि अंतःप्रज्ञा मनुष्यों की अपेक्षा पशुओं में अधिक मात्रा में और कहीं प्रबल होती है जो कि सत् और सत्य की ओर ले जानेवाली मार्गदर्शक है; मनुष्य में यह अत्यंत क्षीण एवं विच्छिन्न होती है। अतः बर्गसाँ के सिद्धांत से यह निष्कर्ष निकाला जाना चाहिए कि पशुओं को सत्य और सत् का बोध मनुष्य से कहीं अधिक और प्रबल होता है और यह कि समय के साथ जब मनुष्य की क्षीण एवं विच्छिन्न अंतःप्रज्ञा समाप्त हो जाएगी तो वह सत् के ज्ञान से नितांत शून्य हो जाएगा। यह एक हास्यास्पद निष्कर्ष है और निस्संदेह बर्गसाँ का उद्देश्य ऐसा निष्कर्ष देना नहीं है।

बर्गसाँ के पक्ष में कहा जा सकता है कि मनुष्य की बात करते समय वह एक भिन्न प्रकार की अंतःप्रज्ञा की बात करते हैं क्योंकि वे मनुष्य की अंतःप्रज्ञा को सहज-वृत्ति एवं बुद्धि का सम्मिश्रण मानते हैं जो सत् को उजागर करती है। किंतु इससे तो अंतःप्रज्ञा सत्य का मानदंड और सत्य का मानदंड होने का दावा करनेवाली वस्तु, दोनों ही हो जाएगी। कारण कि बुद्धि और अंतःप्रज्ञा, दोनों एक-दूसरे को सहायता एवं सजीवता प्रदान करती हैं।

बर्गसाँ के बौद्धिकता-विरोधी पक्ष पर भी गंभीर आपत्तियां की गई हैं। वे बुद्धि एवं

तर्क-बुद्धि की प्रकृति की स्पष्ट व्याख्या नहीं करते और यह भी नहीं बताते कि इसके संदिग्ध होने का कारण क्या है। दूसरी ओर, अपने पक्ष की व्याख्या करने के लिए उन्हें किसी भी अन्य दर्शनशास्त्री की भांति इस निंदित खलनायक अर्थात् बुद्धि की ही शरण लेनी पड़ती है। यह बात भले ही विरोधाभासी हो, किंतु बुद्धि की आलोचना करने अथवा इसे ध्वस्त करने के लिए इसी का सहारा लेना पड़ता है। प्राचीन यूनानी विचारक इस सत्य को जानते थे और उन्होंने अपने-आपको इस विरोधाभास से बचाए रखा। स्वयं बर्गसाँ का दर्शनशास्त्र बुद्धि के अत्यंत सूक्ष्म प्रयोग का ज्वलंत उदाहरण है और यह एक ऐसी बौद्धिक उपलब्धि है जिसका मूल्यांकन हम केवल इसी कारण कर पाते हैं कि यह बौद्धिक चिंतन के सामान्य माध्यम द्वारा ही हमारे सामने प्रस्तुत किया गया है।

किंतु जहां यह बर्गसाँ की बौद्धिक उपलब्धि है वहीं यह उनके अंतःप्रज्ञा की श्रेष्ठता के उस दावे की नितांत असफलता भी है जिसमें अंतःप्रज्ञा को सत् एवं सत्य का एकमात्र मार्गदर्शक माना गया है और बुद्धि का बहिष्कार किया गया है। बर्गसाँ के दार्शनिक चिंतन की संपूर्ण प्रणाली और अन्य लोगों को बौद्धिक धरातल पर अपने चिंतन से सहमत कराने में उनकी सफलता ही उनके उस दर्शनशास्त्र के लिए मृत्यु की घोषणा है जो सब बातों को अंतःप्रज्ञा की एकमात्र शक्ति के अंतर्गत मानता है और इस शक्ति को सत्य एवं सत् की तीर्थयात्रा में दर्शनशास्त्री का एकमात्र रक्षक मानता है।

टिप्पणियां एवं संदर्भ

1. हेनरी बर्गसाँ, *क्रिएटिव इवाल्यूशन* पृ. 70.
2. हेनरी बर्गसाँ, उपरोक्त, पृ. 82.
3. हेनरी बर्गसाँ, उपरोक्त.
4. हेनरी बर्गसाँ, उपरोक्त, पृ. 92-93.
5. हेनरी बर्गसाँ, उपरोक्त, पृ. 97.
6. हेनरी बर्गसाँ, उपरोक्त, पृ. 217.
7. हेनरी बर्गसाँ, उपरोक्त, पृ. 202.
8. हेनरी बर्गसाँ, उपरोक्त, पृ. 252.
9. हेनरी बर्गसाँ, *मैटर एंड मेमरी,* पृ. 80.
10. हेनरी बर्गसाँ, *क्रिएटिव इवाल्यूशन* , पृ. 263-65.
11. हेनरी बर्गसाँ, *मैटर एंड मेमरी,* पृ. 310.
12. हेनरी बर्गसाँ, *क्रिएटिव इवाल्यूशन,* पृ. 12.

अध्याय 6

वियोजन के बारे में मार्क्स के विचार

हमने अध्याय एक और तीन में पश्चिमी दर्शनशास्त्र के हेगेल-पश्चात् काल में विचारवादी दर्शनशास्त्र के विकास की विवेचना की है। इस विकास-क्रम को प्रस्तुत करते हुए हमने शुद्धतः विचारवादी दर्शनशास्त्र पर ध्यान केंद्रित किया है। ऐसा करते हुए हमने मुख्यतः दक्षिणपंथी और मध्यमार्गी हेगेलवादियों के दर्शनशास्त्र की विवेचना की है और वामपंथी हेगेलवादियों को पूरी तरह छोड़ दिया है जिनमें सुविदित नाम फायरबाख और मार्क्स के हैं। हमने जान-बूझकर ऐसा किया है क्योंकि एक अन्य पुस्तक में मार्क्स और अन्य ऐसे विचारकों की विवेचना की गई है। इस अनदेखी को प्रस्तुत पुस्तक का एक दोष भी माना जा सकता है। इस कारण हमने इसे उचित समझा कि हेगेल के दर्शनशास्त्र की कम से कम एक महत्वपूर्ण धारणा को, जिसे वामपंथी हेगेलवादियों में प्रमुखतम दर्शनशास्त्री अर्थात् मार्क्स ने स्वीकार किया है और उसे एक बिलकुल नया अर्थ प्रदान किया है, यहां प्रस्तुत करें ताकि पाठकगण एक अनोखी ही दिशा में हेगेलीय दर्शनशास्त्र के विकास के दौरान होनेवाले परिवर्तन को समझ सकें। आशा है कि इससे पाठक हेगेल के दर्शनशास्त्र की विविधता का मूल्यांकन कर सकेंगे जिसे आमतौर पर ऐसे विचारवाद और परमसत्तावाद का गढ़ कहा जाता है जिसमें उपरोक्त प्रकार के किसी विकास की गुंजाइश नहीं होती। इससे यह भी पता चलेगा कि मार्क्स मात्र हेगेलवादी न होकर एक मौलिक विचारक थे जिन्होंने हेगेल के दर्शनशास्त्र को पैरों के बल खड़ा किया, जबकि पहले वह सर के बल खड़ा था। "इस प्रकार इस दर्शनशास्त्र ने एक सामान्य स्थिति प्राप्त की और अपने पैरों पर खड़ा हुआ।"

मार्क्स वियोजन (एलियनेशन) की धारणा को हेगेल के दर्शनशास्त्र की सर्वाधिक महत्वपूर्ण धारणाओं में एक मानते हैं। उन्होंने यह दिखाने की कोशिश की है कि अगर इस दर्शनशास्त्र को रहस्यहीन बना दिया जाए और इसे तत्वमीमांसी विकृतियों के स्तर से उतारकर ठोस मानवीय स्थिति के धरातल तक लाया जाए तो इससे एक वर्ग-विभाजित समाज में अधिकांश जनता की त्रासदी की गहराई को समझने में मदद

मिल सकती है क्योंकि ऐसे समाज में जनता शोषित ही नहीं, अनेक प्रकार से वियोजित भी होती है। हेगेल के दर्शनशास्त्र में वियोजन की धारणा की व्याख्या अमूर्त स्तर पर की गई है जिससे यह लगभग विषयीकरण (आब्जेक्टीफिकेशन) का पर्याय बन जाती है जो द्वंद्ववादी प्रक्रिया में स्वाभाविक और भावी विकास की शृंखला में एक आवश्यक कड़ी लगता है। मार्क्स ने इस धारणा की व्याख्या इतिहास की प्रक्रिया में एक वर्ग-विभाजित समाज में मूर्त मानव-जीवन के स्तर पर की है और इस प्रकार एक शोषण पर आधारित समाज में श्रमिक की यथार्थ स्थिति को दर्शाया है। उन्होंने इस धारणा का पूर्णरूपेण रूपांतरण करके इसे पूंजीवादी समाज में श्रमिक को यथार्थ स्थिति दिखाने की बुनियादी भूमिका प्रदान की है। मार्क्स द्वारा इस धारणा की ऐसी मौलिक व्याख्या से हम यह भी देख सकते हैं कि किस प्रकार हेगेलीय दर्शनशास्त्र एक बिलकुल नई दिशा में विकसित हुआ, इस प्रकार कि परम विचारवाद की जगह द्वंद्वात्मक भौतिकवाद को हेगेल की बुनियादी दार्शनिक अंतर्दृष्टियों में बीज-रूप में विद्यमान माना जाने लगा। प्रस्तुत ग्रंथ में इस अध्याय को रखे जाने का यही औचित्य है, अन्यथा यह तो इस पुस्तक के अन्य अध्यायों से पूरी तरह असंबद्ध नजर आता।

1

वियोजन की धारणा के बारे में दार्शनिक दृष्टि से कुछेक बुनियादी सवाल किए जा सकते हैं। इन प्रश्नों और उनके पीछे निहित तार्किक मान्यताओं पर हम शुद्धतः ऐतिहासिक विश्लेषण के बजाय अवधारणात्मक विश्लेषण की दृष्टि से विचार कर सकते हैं। प्रस्तुत खंड में इन प्रश्नों में से कुछेक की, उनके बारे में दिए गए उत्तरों की और कार्ल मार्क्स के दर्शनशास्त्र के संदर्भ में उनकी प्रासंगिकता की विवेचना की गई है।

2

वियोजन के लिए प्रयुक्त अंग्रेजी शब्द 'एलियनेशन' फ्रांसीसी से आया है और इसके तुल्य फ्रांसीसी शब्द लातीनी भाषा के शब्द 'एलियनेशियो' से निकला है। इसकी मूल धातु 'एलिएनो' (अलग करना, बेचना, संबंध तोड़ना) है और इससे बना विशेषण पद 'एलियनूसा-अम' (विदेशी, विपरीत, विरोधी, उदासीन आदि) है। *शार्टर आक्सफोर्ड डिक्शनरी* में इस शब्द के निम्नलिखित अर्थ बतलाए गए हैं : (अ) मित्रता तोड़ने की क्रिया या स्थिति, (ब) स्वामित्व का किसी अन्य को हस्तांतरण, (स) किसी वस्तु का किसी अन्य उद्देश्य के लिए प्रयोग, (द) मानसिक शक्तियों का ह्रास या क्षय। मार्क्स के दर्शनशास्त्र के संदर्भ में इस शब्द में उपरोक्त में से कुछेक अर्थ निहित हैं और साथ ही इसका एक विशेषार्थ भी है। लेकिन इस शब्द का अर्थ चाहे जो लिया जाए, इसमें एक समृद्धतर या पूर्णतर अवस्था की मान्यता विद्यमान होगी जिससे किसी का पतन, विचलन या वियोजन हुआ है। लेकिन वियोजन की चेतना की बात करने के लिए आवश्यक है कि वस्तु में या

अवस्था में पूर्णरूपेण परिवर्तन न हुआ हो, अन्यथा एक बिलकुल नई अवस्था या वस्तु हमारे सामने होगी और वियोजन की बात करने का कोई तुक नहीं रहेगा। इस प्रकार वियोजन की अवस्था एक ओर (अ) एक पूर्णतर, समृद्धतर या संपूर्णता-प्राप्त अस्तित्व से, और दूसरी ओर (ब) एक अलग न कि पूर्णतः भिन्न अस्तित्व से, वास्तविक प्रकृति से अलगाव की अवस्था से जुड़ी हुई है। फिर, यह भी लगता है कि यह विशेषकर मानवशास्त्रीय धारणा है और केवल मानवीय स्थिति में ही इसकी सार्थकता है। कोई चाहे तो इस धारणा को अन्य संदर्भों में भी प्रयुक्त कर सकता है (उदाहरण के लिए, ईश्वर के आत्मवियोजन की बात की जा सकती है), मगर केवल मानवीय स्थिति की उपमा देकर ही उसे समझा जा सकता है। इस शब्द में वियोजन की अवस्था से परागमन की भी आकांक्षा निहित है और इसलिए इस धारणा का एक मूल्यपरक पक्ष भी है। वियोजन की धारणा से पूर्णत्व की जिस अवस्था की कल्पना जुड़ी है वह कोई आवश्यक नहीं कि अतीत की वस्तु हो। यह भविष्य में प्राप्त की जानेवाली पूर्णावस्था भी हो सकती है। वियोजन की धारणा को नैतिक धारणा भी माना जा सकता है क्योंकि यह वियोजित व्यक्ति को प्रेरित करती है कि वह भविष्य की पूर्णावस्था को प्राप्त करने के प्रयास करे।

ईसाइयत में भी ऐसी ही एक धारणा पाई जाती है। स्वर्ग से हजरत आदम का निकलना वियोजन का सूचक है। लेकिन इस निष्कासन से पहले स्वर्ग में हजरत आदम का अस्तित्व सरलहृदता की अवस्था भले हो, यह जरूरी नहीं कि वह पूर्णावस्था का भी सूचक हो। उन्हें कष्ट, बोध और आत्मचेतना के द्वारा यह पूर्णावस्था प्राप्त करनी है। हजरत आदम इसी प्रक्रिया में पूर्णत्व प्राप्त करते हैं, लेकिन तब वे निष्कासन से पहले की अपेक्षा अधिक समृद्ध हो चुके होते हैं। इस कारण अगर पतन की ईसाई धारणा वियोजन की धारणा है तो इसका संबंध अतीत की नहीं, भविष्य की पूर्णावस्था से है।

हेगेल के दर्शनशास्त्र में इस धारणा की ऐसी ही व्याख्या की गई है।[1] विषयीकरण की प्रक्रिया में वियोजित होनेवाली चेतना पूर्णावस्था को प्राप्त कर चुकी चेतना नहीं है। चेतना अपने-आपमें पूरी तरह रिक्त होती है; वियोजन की आकांक्षा के अतिरिक्त इसमें कुछ भी नहीं होता। विषयीकरण की प्रक्रिया में अपने-आपको वियोजित करके चेतना परम ज्ञान के रूप में स्वयं को साकार करती है। वियोजन के माध्यम से प्राप्त पूर्णावस्था मूलावस्था न होकर लक्ष्य होती है। लेकिन इस लक्ष्य को एक प्रकार से मूलावस्था भी माना जा सकता है।

हेगेल के 'विचार के वियोजन' को फायरबाख ने 'मानव का वियोजन' बना दिया। फायरबाख के दर्शनशास्त्र में पूर्णावस्था लक्ष्य है न कि प्रस्थान-बिंदु। यही बात मार्क्स के दर्शनशास्त्र के संबंध में है। आदिम साम्यवाद की अवस्था मनुष्य के चौतरफा विकास की पूर्णावस्था नहीं है। इसे केवल उसी साम्यवाद में प्राप्त किया जा सकता है जिसकी संकल्पना मार्क्स ने की है। वियोजन की चेतना मानव को

प्रेरित करती है कि वह अपने पूर्ण विकास और पूर्णत्व को प्राप्त करके इस वियोजन से मुक्त हो। वियोजन से परागमन का यही अर्थ है।

वियोजन की धारणा में तार्किक रूप से पूर्णावस्था की जो धारणा जुड़ी होती है वह आवश्यक नहीं कि अतीत की हो बल्कि वह भविष्य की अवस्था भी हो सकती है—इस बात को सैद्धांतिक और ऐतिहासिक, दोनों प्रकार के चिंतन के बल पर स्वीकार किया गया है। महत्वपूर्ण प्रश्न यह है कि क्या वियोजन को समाप्त किया जा सकता है।

इसका उत्तर इस बात पर निर्भर है कि आप इस धारणा से क्या अर्थ लगाते हैं। अगर इसे नैतिक या धार्मिक धारणा माना जाएगा तो निश्चित ही इसमें परागमन की धारणा भी शामिल होगी। अन्यथा नैतिक या धार्मिक प्रगति से रहित नैतिकता या धर्म का कोई मतलब नहीं रहता। अगर इसे राजनीतिक या सामाजिक धारणा माना जाए तो निश्चित ही इसकी समाप्ति के प्रयासों का एक अनुभवाश्रित औचित्य भी होगा और फिर इसकी समाप्ति में या इससे परागमन में कोई तार्किक असंगति नहीं होगी। लेकिन अगर वियोजन के मानव-अस्तित्व की दशा माना जाएगा तो मानवीय दशाओं या स्थितियों में उससे परागमन तार्किक रूप से असंभव समझा जाएगा। एक अर्थ में वियोजन के कुछ ऐसे प्रकार हैं जो अस्तित्वमूलक (एक्जिसटेंशियल) हैं। कलाकार से उसकी उपज, उसकी कला, उसकी रचना का वियोजन अस्तित्वमूलक होता है। संभव है वह स्वयं को अपनी रचना में साकार कर ले, लेकिन वह रचना उससे हमेशा-हमेशा के लिए वियोजित रहेगी क्योंकि वियोजन ही इस रचना के अस्तित्व की अनिवार्य दशा है। जब अस्तित्ववादी मानवीय स्थिति की नियति की बात करता है और कहता है कि वियोजन इसका एक संवृत्तिमूलक घटक है और दूसरी ओर जब मार्क्स वियोजन पर विजय की बात पूरे विश्वास के साथ करते हैं तो स्पष्ट है कि दोनों दो भिन्न दृष्टिकोणों से अपनी बात कह रहे होते हैं। उनके मन में इस धारणा के अलग-अलग अर्थ हैं।

3

ऐतिहासिक दृष्टि से देखें तो वियोजन की मार्क्सवादी धारणा का सांचा मोटेतौर पर हेगेलवादी है। लेकिन मार्क्स ने इस हेगेलवादी सांचे में भी जो अंतर्वस्तु भरी है वह अत्यधिक मौलिक है और इस धारणा को एक नया आयाम देती है। मार्क्स की वियोजन की धारणा फायरबाख और कुछ वामपंथी हेगेलवादियों के मध्यवर्ती चरणों से गुजरती हुई हेगेलीय धारणा का तार्किक विकास है।

हेगेल ने अपनी वियोजन की धारणा की विवेचना अपनी प्रथम दार्शनिक कृति *दि फेनोमेनोलाजी आफ माइंड* में की है। इस कृति में हेगेल ने एक ऐसे विकास-पथ का निरूपण किया है जिसे मन ज्ञानेंद्रियों के अमध्यस्थ अनुभवों को प्रस्थान-बिंदु बनाने के बाद अनिवार्यतः अपनाता है और फिर अपनी बौद्धिकता (रिशनेलिटी) की दार्शनिक

सिद्धि की ओर बढ़ता है जो प्रत्येक वस्तु का सत्य है। यह परमावस्था तीन चरणों से गुजरने के बाद प्राप्त होती है : (अ) चेतना जिसमें मन का सामना ऐसी वस्तुओं से होता है जो आभासी तौर पर इससे वियोजित होती है, (ब) आत्मचेतना जिसमें मन का सामना ऐसी वस्तुओं से होता है जो स्वयं मन के प्रतिबिंब हैं जैसे अन्य मन, एक ही समाज के अन्य सदस्य आदि, (स) बुद्धि जिसमें मन अधिकाधिक सफलता के साथ वस्तुओं की परकीयता का उद्घाटन करता है और उनको मात्र अपनी ही बुद्धिसंगत आत्मनिष्ठता की दशाएं मानता है। चेतना का विषयीकरण की ओर प्रयाण और आत्मचेतना का अन्य मनों की तरफ प्रयाण वियोजन की ओर होनेवाले प्रयाण हैं। चेतना प्रकृति में अपना विषयीकरण करके स्वयं से वियोजित होती है। आत्मचेतना के धरातल पर हेगेल शासक (बुद्धिसंगत) चेतना और शासित (अबुद्धिसंगत) चेतना की बातें करते हैं। द्वितीयोक्त पर प्रथमोक्त के शासन की धारणा के द्वारा हेगेल ने भूस्वामी और भूदास की कर्म-चेतना संबंधी मार्क्सवादी धारणा का पूर्वाभास किया है। व्यक्ति की अपनी चेतना में भी स्वामी और दास का यही टकराव देखा जाता है और यह दुखी चेतना एकत्व की सूफियाना धारणा में सुख नहीं पाती। इसलिए अपने द्वंद्ववाद के कारण यह अंतर्विरोधरहित जगत की ओर प्रयाण करती है।

फारयबाख और मार्क्स, दोनों ने परम विचार के वियोजन की इस तत्वमीमांसी विवेचना को अस्वीकार किया है। फायरबाख ने इसे मनुष्य को वियोजित बतलाकर ईश्वर को महिमामंडित करने की धर्मशास्त्रीय प्रेरणा बतलाया है। उनकी दृष्टि में ईश्वर की सृष्टि मनुष्य करता है और इसके वह अपने गुणों को स्वयं से वियोजित करके ईश्वर पर आरोपित करता है। इस वियोजन को समाप्त करके मनुष्य को स्वयं में पूर्ण बनाने के लिए फायरबाख ने दर्शनशास्त्र को तत्वमीमांसा न रहने देकर उसे मानवशास्त्र बनाने का प्रयास किया है। इस प्रकार परम विचार के वियोजन की जगह फायरबाख ने मनुष्य के वियोजन की बात कही है।

मार्क्स ने केंद्र-बिंदु के इस परिवर्तन को स्वीकार किया है। वे हेगेल की इस बात के लिए आलोचना करते हैं कि उन्होंने वियोजन की समस्या की विवेचना अमूर्त ढंग से, मात्र आत्मद्रव्य के क्षेत्र में की है। हेगेल के यहां वियोजन से परागमन मात्र आध्यात्मिक सतह पर होता है, यद्यपि वह एक उच्चतर स्तर है। मार्क्स का विचार है कि इस विवेचना में वियोजन मात्र एक अमूर्त संवृत्ति है तथा विषयीकरण मन या परम विचार की द्वंद्ववादी गति का मात्र एक अस्थायी चरण बनकर रह जाता है—इस प्रकार कि इसका सारतत्व हमेशा ही वैचारिक रहता है।[2] फिर भी मार्क्स ने *दि फेनोमेनोलाजी आफ माइंड* के सकारात्मक पक्षों को स्वीकार किया है। उनका विचार है कि इस पुस्तक में मनुष्य के आत्मवियोजन का बार-बार उल्लेख हुआ है (जिसे अन्यथा वे एक गुह्य समालोचना मानते हैं), "इसलिए इसमें आलोचना के सभी तत्व प्रच्छन्न रूप से विद्यमान हैं।" मार्क्स ने मानव-यथार्थ के बोध के रूप में आलोचना संबंधी यह अंतर्दृष्टि हेगेल

की कृति *फिलासफी आफ राइट* में भी देखी है। इस कृति में हेगेल ने निम्नलिखित भेद स्थापित किया है :

"अमूर्त अधिकार में हमारे सामने व्यक्ति की सत्ता थी, नैतिकता के क्षेत्र में प्रजा की सत्ता थी और नागरिक समाज में कुल मिलाकर बर्गर या पूंजीपति की सत्ता थी। यहां आवश्यकताओं के स्तर पर हमारे सामने वह मूर्त विचार है जिसे हम मनुष्य कहते हैं। इस प्रकार इस अर्थ में मनुष्य की बात करने का पहला अवसर, बल्कि सच पूछें तो एकमात्र अवसर यही है।"[3]

फिर भी हेगेल ने मनुष्य की सार्वभौम धारणा को पूरी तरह अस्वीकार नहीं किया है। इसलिए उन्होंने आत्मवियोजन और उससे परागमन की समस्या को अंततः अमूर्त विचार के तत्वमीमांसी धरातल पर स्थापित कर दिया है। इस बात की ओर इशारा करके फायरबाख ने वियोजन की समस्या को मानवीय धरातल तक उतारा है तो उचित ही किया है। इस प्रकार आत्मवियोजन की हेगेलीय समस्या फायरबाख और मार्क्स की समस्या से भिन्न है। हेगेल के सामाजिक और राजनीतिक दर्शनशास्त्र में मनुष्य 'आवश्यकताओं के दास' के रूप में ही मनुष्य दिखाई देता है और जिस व्यवस्था की वे परिकल्पना करते हैं वह पूंजीवादी समाज है। जब वह 'मनुष्य' की बातें करते हैं तो उनका आशय भौतिक-आर्थिक आवश्यकताओं के विषयी के रूप में केवल 'पूंजीपति' से ही होता है। मूर्त मनुष्य का हेगेलीय दर्शनशास्त्र में कोई खास महत्व नहीं है; महत्व है तो मनुष्य के सारतत्व का, उसकी आत्मा का। फलस्वरूप वियोजन से परागमन के लिए वास्तविक मानव-जीवन की भौतिक दशाओं में कोई परिवर्तन आवश्यक नहीं समझा गया है क्योंकि इसे तो चिंतन के क्षेत्र में ही द्वंद्ववादी गति से प्राप्त किया जा सकता है। वियोजन और विषयीकरण की हेगेलीय धारणा मुख्यतः आध्यात्मिक और तत्वमीमांसी है। इस दर्शनशास्त्र में पूंजीवादी समाज के नागरिक अधिकारों के विषयी-रूप में *मनुष्य* और उसके जीवन की वास्तविक दशाओं का केवल नाममात्र का महत्व है।

फायरबाख का प्रयास यह रहा है कि आत्मद्रव्य के इस दर्शनशास्त्र को मनुष्य के एक मानववादी दर्शनशास्त्र में रूपांतरित किया जाए। इसी को वे भविष्य का नया दर्शनशास्त्र कहते हैं। वे 'मानव-दर्शनशास्त्र' की बुनियाद रखने के लिए 'दैवी दर्शनशास्त्र' की आलोचना करते हैं। सपूर्ण मानव की सत्ता को उसकी पूर्णता के साथ स्थापित करने के लिए वे हेगेल की विशेष की धारणा से बड़े यत्नपूर्वक बचते रहते हैं। इसके लिए मानवतावादी साम्यवाद का, मैं और तू के प्रेम-संबंधों का सहारा लिया गया है।

जैसाकि कहा जा चुका है, मार्क्स ने हेगेल के तत्वमीमांसी आत्मद्रव्य को अस्वीकार करके फायरबाख के 'मानव' को अपनाया। लेकिन वे फायरबाख की इस बात के लिए आलोचना करते हैं कि वे हेगेलवादी चिंतन को भौतिकवादी ढंग से पलटकर 'मानव-प्रकृति' के *वैचारिक स्तर पर* वियोजन से परागमन के कार्य को पूरा नहीं करते। मार्क्स का तर्क है कि फायरबाख भी तत्वमीमांसी चिंतकों की तरह एक 'परम आत्मद्रव्य' को हटाकर

उसकी जगह एक 'शाश्वत मानव-प्रकृति' को स्थापित करते हैं। इसलिए मार्क्स ने हेगेल और फायरबाख, दोनों की वियोजन की धारणाओं को अस्वीकार किया है। *वे वियोजन का यथार्थ स्रोत सामाजिक यथार्थ को, आर्थिक स्थिति को मानते हैं।* स्वयं से मनुष्य का वियोजन पूरी तरह न तो विचार-जगत में प्रतिबिंबित होता है (जैसाकि हेगेल का मानना है) और न ही धर्म में उसके प्रक्षेपण में (जैसाकि फायरबाख मानते हैं)। इसका प्रतिबिंबन तो मानव-जीवन की ठोस, भौतिक दशाओं में होता है। इस प्रकार मानव के वियोजन का यथार्थ स्रोत न तो आध्यात्मिक है, न तत्वमीमांसी है और न ही धार्मिक है। इसकी प्रकृति सामाजिक, राजनीतिक और आर्थिक है, अर्थात् बहुत ही वास्तविक अर्थ में ठोस मानवीय है।

वियोजन की समस्या पर इस प्रकार मानवतावादी और व्यावहारिक दृष्टि से विचार करने के लिए यह समझना आवश्यक है कि मनुष्य पूंजीवादी समाज में किस प्रकार दो परस्पर विरोधी जीवन-स्थितियों में बंटा हुआ है। एक ओर मनुष्य का निजी जीवन है, उसकी निजी नैतिकता और संपत्ति हैं, तो वहीं दूसरी ओर वह अपनी सार्वजनिक नैतिकता और गरिमा के साथ एक नागरिक भी है। मनुष्य इन सभी आंशिक अभिव्यक्तियों में एक साथ विद्यमान है, लेकिन सीमित रूप में। पूंजीवादी समाज का मनुष्य एक वैशिष्ट्ययुक्त, मानवतारहित, विषयीकृत मनुष्य होता है और कभी भी अपनी मूर्त पूर्णावस्था के साथ यथार्थ मनुष्य नहीं होता। ऐसे समाज में 'जीवन' का अर्थ 'जीविकार्जन' होता है। ऐसे समाजों में मनुष्य मनुष्य के रूप में स्वयं से वियोजित होता है। यह वियोजन मानव-व्यवहार के सभी रूपों में, परिवार, धर्म, राज्य, शिक्षा आदि सभी संस्थाओं में प्रतिबिंबित होता है। इसका निहितार्थ यह है कि वियोजन के निषेध के लिए वर्तमान समाज की अंतर्वस्तु और संरचना में एक मूलगामी परिवर्तन आवश्यक है।

हेगेल के दर्शनशास्त्र में आत्मद्रव्य ही पूर्णतः मूर्त यथार्थ है तथा जब वे वियोजन और उससे परागमन की बातें करते हैं तो वे केवल चिंतन की शब्दावली में सोचते हैं। लेकिन फायरबाख और मार्क्स मनुष्य की हेगेलीय धारणा को अपूर्ण और आंशिक कहकर अस्वीकार करते हैं। मार्क्स मनुष्य की इस हेगेलीय धारणा को स्वीकार करने के बाद इसकी विवेचना जीवन की सामाजिक-आर्थिक दशाओं की दृष्टि से करते हैं और इसे पूर्णता प्रदान करते हैं। मानव-जीवन की यथार्थ दशाएं ही मार्क्स की विवेचना के केंद्र में हैं और इसलिए मनुष्य तथा उसके वियोजन की उनकी धारणा भिन्न है। मार्क्स की रुचि मनुष्य के रूप में मनुष्य में है और उनका मत है कि वियोजन से मुक्ति पाने के लिए मात्र आर्थिक और राजनीतिक मुक्ति पर्याप्त नहीं। वे मनुष्य की मानवीय मुक्ति का तकाजा करते हैं। इससे उनका अभिप्राय (फायरबाख की तरह) मैं-तू के प्रेम-संबंधों के द्वारा मानव-मुक्ति से नहीं है; इससे अभिप्राय समाज के सामाजिक, आर्थिक, राजनीतिक आदि सभी क्षेत्रों में मनुष्य की पूर्ण मुक्ति से है। इस समस्या की आर्थिक अभिव्यक्ति मालों की

दुनिया में होती है, इसकी राजनीतिक अभिव्यक्ति राज्य और समाज के अंतर्विरोधों में होती है और इसकी तात्कालिक सामाजिक अभिव्यक्ति सर्वहारा के अस्तित्व में होती है।[4]

एक और ढंग से ऐसा कहा जा सकता है कि 'युवा मार्क्स' का गंभीर सरोकार वियोजन से तो है मगर विषयीकरण से नहीं। विषयीकरण कोई 'पतन' नहीं और इसलिए यह कोई समस्या भी नहीं है। हेगेल के दर्शनशास्त्र में वियोजन और विषयीकरण, दोनों का समाधान आत्मद्रव्य की द्वंद्वात्मक गति से होता है, लेकिन मार्क्स की दृष्टि में वियोजन (न कि विषयीकरण) की समस्या का समाधान इतिहास की द्वंद्वात्मक गति से होना चाहिए और होगा। अस्तित्ववादी वियोजन को मानव-अस्तित्व की अनिवार्य दशा मानता है और इसलिए उसके अनुसार वियोजन या विषयीकरण, किसी का भी समाधान संभव नहीं है; इसका कोई भी प्रयास 'निरर्थक आवेश' होगा और उसकी असफलता निश्चित है।

इस प्रकार मार्क्स के लिए वियोजन की धारणा न तो धार्मिक या नैतिक है और न ही मनोवैज्ञानिक या तत्वमीमांसी। वे वियोजन को मानव-जीवन का अनिवार्य अंग नहीं मानते और इस कारण यह अस्तित्वमूलक धारणा भी नहीं है। यह धारणा मूलतः मानवशास्त्रीय है जिसकी यथार्थता केवल मानवीय संदर्भों में है। ये मानवीय संदर्भ भी मुख्यतः सामाजिक संदर्भ हैं जिनके अस्तित्व और अभिव्यक्ति के अनेक रूप हैं।

इस धारणा के उद्गम की समस्या बहुत महत्वपूर्ण नहीं लगती और संभव है इसका कोई स्पष्ट उत्तर भी न हो। इसके लिए निम्न प्रकार के उत्तर दिए जा सकते हैं : (अ) मनुष्य मूलतः पूर्णत्व-प्राप्त सत्ता है, मगर किसी बाह्य कारण से वियोजन की उत्पत्ति होती है। शैतान की धारणा इस प्रकार के चिंतन से बहुत मिलती-जुलती है। यह कार्ल पापर के शब्दों में एक प्रकार का 'षड्यंत्र का सिद्धांत' है।[5] (ब) वियोजन स्वयं मानव-प्रकृति में निहित हो सकता है। लेकिन यह मान्यता वियोजन से परागमन को तार्किक रूप से असंभव बना देती है। मार्क्स इस धारणा को स्वीकार नहीं करते। हालांकि उन्होंने एक पूंजीपति में धन-संग्रह और लोभ की प्रवृत्तियों की बातें भी की हैं, लेकिन वे इसे मनुष्य की मूलभूत प्रकृति नहीं मानते। मानव-प्रकृति में उनकी बेपनाह आस्था है और उनके ठोस आशावाद का कारण यही है। माना जा सकता है कि वियोजन की चेतना स्वतःजन्य है लेकिन मानव-चेतना की अस्तित्वमूलक दशा नहीं है। वियोजन की चेतना एक प्रोत्साहन भी हो सकती है कि मनुष्य पूर्णावस्था को प्राप्त करने के हेतु इसे समाप्त करने के लिए प्रेरित हो। यह मानने का कोई कारण नहीं कि मार्क्स वियोजन से यही अर्थ लगाते हैं क्योंकि वे विकल्प (अ) को स्वीकार नहीं करते। वे इसे मानव-जीवन की दशा तो मानते हैं मगर अस्तित्वमूलक दशा नहीं मानते, बल्कि सामाजिक दशा मानते हैं। वे मानव-जीवन के विभिन्न क्षेत्रों में इसकी अभिव्यक्ति के विभिन्न स्वरूपों की पड़ताल करते हैं और इससे परागमन करने के लिए एक समाधान प्रस्तुत करते हैं। मार्क्स के निकट वियोजन मानव-जीवन की अस्तित्वमूलक नियति नहीं है। इसे समाप्त और पूरी तरह समाप्त किया जा सकता है और मनुष्य व्यावहारिक रूप से साकार हो सकनेवाली साम्यवादी अवस्था में

सभी अंतर्विरोधों से मुक्ति पा सकता है।

4

कार्ल मार्क्स के दर्शन में वियोजन की धारणा केवल मानव-संदर्भ में ही सार्थक है, मगर फिर भी इसे सही अर्थों में बहुआयामी कहा जा सकता है। मनुष्य के समग्र सामाजिक अस्तित्व को वियोजित अस्तित्व और उसकी समस्त क्रियाओं को वियोजित क्रियाएं कहा जा सकता है। स्वांतःसुखाय सृजन या उत्पादन का कार्य वियोजन-मुक्त कार्य होता है और इस लक्ष्य को वियोजन और अंतर्विरोधों से मुक्त समाज में ही प्राप्त किया जा सकता है। वर्तमान समाज में मनुष्य के वास्तविक अस्तित्व के विभिन्न स्तरों पर वियोजन के प्रभावों को जानने के लिए हम मार्क्स का अनुसरण करेंगे।

(अ) आधुनिक पूंजीवादी समाज में *मनुष्य के राजनीतिक जीवन* में इस वियोजन की अभिव्यक्ति निजी व्यक्ति और नागरिक के द्वैत्व में होती है। मनुष्य कभी पूर्ण मनुष्य नहीं होता। वह वैशिष्ट्ययुक्त होता है और उसकी सत्ता का एक अंश दूसरे अंशों से अंतर्विरोधमय होता है। आधुनिक राजसत्ता और पूंजीवादी समाज के बीच का ध्रुवीकरण यही है। मनुष्य के आत्मवियोजन के सामाजिक और राजनीतिक स्वरूपों पर मार्क्स की विवेचना मुख्यतः *क्रिटीक आफ हेगेल्स फिलासफी आफ राइट* में और प्रसंगवश *दि होली फैमिली* में मिलती है। इस संबंध में *दि इकानमिक एंड फिलोसोफिकल मैनस्क्रिप्ट्स आफ 1844* का भी अत्यधिक महत्व है। *क्रिटीक* में मार्क्स ने पूंजीवादी समाज में व्यक्ति के अंतर्विरोध की स्पष्ट निशानदेही की है—संपत्ति के स्वामी और मालों के उत्पादक के रूप में कम और एक ऐसे वैशिष्ट्ययुक्त मनुष्य के रूप में अधिक जो निजी और सार्वजनिक जीवन के बीच बंटा हुआ हो। विशिष्ट और परस्पर विरोधी हितों के बीच मनुष्य का यही विभाजन उसका आत्मवियोजन है, यही वियोजन की स्थिति में उसका अंतर्विरोधों से भरा अस्तित्व है। मनुष्य केवल साम्यवादी समाज में वियोजन और अंतर्विरोधों से मुक्त हो सकता है, क्योंकि उसमें वह सामाजिक जीवन में मुक्त और पूर्ण व्यक्ति की हैसियत से भाग लेता है। इसके लिए अलगावमूलक अस्तित्व के उन सभी वैशिष्ट्ययुक्त स्वरूपों का संपूर्ण और मूलगामी विध्वंस आवश्यक है जो, उदाहरण के लिए, आधुनिक पूंजीवादी समाज में पाए जाते हैं। ऐसे किसी समाज में मनुष्य का वियोजन या विखंडन उसके धार्मिक व्यवहार में भी देखा जा सकता है। व्यक्ति का अस्तित्व मनुष्य-रूप में न होकर हिंदू या ईसाई या यहूदी के रूप में होता है। जो राजनीतिक स्वतंत्रता मनुष्य को मनुष्य के रूप में मुक्त नहीं कर सकती वह निरर्थक है। इस प्रकार की मुक्ति के लिए पूंजीवादी समाज का पूर्ण विध्वंस आवश्यक है।

(ब) दार्शनिक मानववाद को वैज्ञानिक समाजवाद (वैज्ञानिक मानववाद ?) में जो अंतर्दृष्टि रूपांतरित करती है वह है *मनुष्य के सामाजिक अस्तित्व की भौतिक दशाओं* के महत्व का एहसास। इस अस्तित्व का, इसके विभिन्न स्वरूपों और संस्थाओं का

निर्धारण समाज की भौतिक या आर्थिक दशाओं से होता है । माल मनुष्य के आत्मवियोजन की आर्थिक अभिव्यक्ति है । मनुष्य का सबसे अधिक आत्मवियोजन समाज की आर्थिक संरचना में ही पाया जाता है । इस संरचना में मार्क्सीय अर्थ में माल ही वह सत्तामूलक चरित्र है जो सभी वस्तुओं में पाया जाता है । पूंजीवादी समाज में मनुष्य अपनी मानवता खोकर बाजार में बिकनेवाला माल बन जाता है । यह माल आत्मवियोजित मनुष्य, उसके श्रम, मजदूर-रूपी मनुष्य के सिवा कुछ नहीं होता ।

मजदूर इस तथ्य की मनोगत अभिव्यक्ति है कि पूंजी वास्तव में पूरी तरह स्वयं को खो चुका मनुष्य है, ठीक उसी प्रकार जैसे पूंजी इस तथ्य की वस्तुगत अभिव्यक्ति है कि श्रम स्वयं को खो चुका मनुष्य है । *मजदूर* पूंजी का *उत्पादन* करता है; पूंजी मजदूर का उत्पादन करती है । इस प्रकार वह स्वयं का उत्पादन करता है और *मजदूर-रूपी, माल-रूपी* मनुष्य इस पूरे चक्र की उपज होता है ।[6]

मार्क्स के अनुसार *आर्थिक वियोजन* मानवीय वियोजन का बुनियादी रूप है जिसमें मनुष्य, जो एक *मुक्त सर्जक* है, अपने उत्पाद से वियोजित होकर एक *मजदूर* बन जाता है और अपने श्रम को किसी अन्य के लाभार्थ प्रयुक्त करता है । उसका अपना उत्पाद उसके लिए अजनबी हो जाता है और उसी के अस्तित्व के लिए चुनौती बन जाता है । पूंजीवादी उत्पादन-प्रणाली में श्रम-विभाजन अपरिहार्य लगता है और इसके नियम, श्रम के उत्पाद, माल मानवीय कार्यकलाप की प्रकृति और उसके लक्ष्यों को निर्धारित करते दिखाई पड़ते हैं । मार्क्स ने यह प्रस्थापना एक *ऐतिहासिक* तथ्य के रूप में ही नहीं रखी है, बल्कि यह प्रस्थापना *आलोचनात्मक* भी है जिससे मानव-चेतना और सामाजिक अस्तित्व का पारस्परिक संबंध मिथ्या सिद्ध होता है । इस भौतिकवादी प्रस्थापना का सत्य इस स्थिति के निषेध से स्थापित होता है ।

वियोजन की मानवीय संवृत्ति का वस्तुगत आधार मजदूर के जीवन की वास्तविक दशा है । मार्क्स ने *मैनस्क्रिप्ट्स* में श्रम के वियोजन के तीन मूलभूत पक्ष बतलाए हैं ।

1. श्रम के उत्पाद से वियोजन

श्रम का उत्पाद श्रमिक का अपना धन न रहकर बिक्री के लिए एक माल बन जाता है । मजदूर कोई सुखी *सर्जक* नहीं रह जाता । वह अतिरिक्त मूल्य के उत्पादन के लिए *काम* करता है जिसका अधिग्रहण कोई और व्यक्ति (पूंजीपति) कर लेता है । साधन और साध्य का चेतन संबंध टूट जाता है और सर्जक माल का उत्पादक मात्र बनकर रह जाता है ।

2. श्रम की क्रिया से वियोजन

उत्पादन की पूंजीवादी प्रणाली में मजदूर श्रम की क्रिया से भी वियोजित हो जाता है । वह किसी माल के उत्पादन के लिए स्वतंत्र नहीं रहता, बल्कि ऐसे ढंग से काम करने के लिए

बाध्य होता है जिसे वह पसंद नहीं करता। वह पूंजीपति के निर्देशों पर चलनेवाली पूरी उत्पादन-प्रक्रिया के विभाजन और विखंडन में मात्र एक मानवतारहित कड़ी बनकर रह जाता है। उत्पादन की प्रक्रिया में ही मजदूर बाध्यतावश श्रम करके इस क्रिया से वियोजित हो जाता है। उसका काम उसकी आवश्यकताएं संतुष्ट नहीं करता; यह मात्र कुछ बाह्य आवश्यकताओं की संतुष्टि का साधन बनकर रह जाता है।

3. प्रजातीय जीवन से वियोजन

स्वामित्व और उत्पादन की पूंजीवादी पद्धति में विभाजन मात्र द्विआयामी नहीं होता, बल्कि इसका एक तीसरा आयाम भी होता है। मजदूर मात्र श्रम के *उत्पाद* और *क्रिया* से ही वियोजित नहीं होता; बल्कि *स्वयं* से, अपने प्रजातीय जीवन (अपनी चेतना और आत्मनिष्ठता) से भी वियोजित होता है। मजदूर प्रकृति पर क्रिया करता है और प्रकृति के बिना किसी भी चीज का सृजन नहीं कर सकता। इस प्रकार प्रकृति उसे दो तरह से जीवन के साधन जुटाती है : (अ) प्रकृति के द्वारा वह स्वयं अपना विषयीकरण करता है, अर्थात् ऐसी वस्तुएं पैदा करता है जो उसके श्रम के परिणाम होती हैं और (ब) प्रकृति ही उसे भौतिक जीवनयापन के साधन प्रदान करती है। इस कारण मजदूर अपने श्रम द्वारा बाह्य विश्व का जितना ही अधिक अधिग्रहण करता है उतना ही अधिक स्वयं को जीवन के साधनों से वंचित करता है। इस प्रकार इन दोनों प्रकारों से मजदूर अपने उत्पादों का दास बन जाता है—वह वे वस्तुएं दूसरों से प्राप्त करता है जिन पर उसे श्रम करना है और वह जीवनयापन के साधन भी प्राप्त करता है। इसके कारण वह मजदूर के रूप में, एक शरीर के रूप में तो जीवित रहता है लेकिन एक मुक्त और चेतन मनुष्य के रूप में नहीं। उसके श्रम का एक बड़ा भाग पूंजीपति के लोभ के कारण सूद आदि के रूप में निकल जाता है। लेकिन पूंजी स्वयं ही श्रम द्वारा सृजित अतिरिक्त मूल्य के अधिग्रहण का परिणाम होती है। मजदूर इस तथ्य की मनोगत अभिव्यक्ति है कि "पूंजी वास्तव में पूरी तरह स्वयं को खो चुका मनुष्य है, ठीक उसी प्रकार जैसे पूंजी इस तथ्य की अभिव्यक्ति है कि श्रम स्वयं को खो चुका मनुष्य है।"[7] जीवंत पूंजी-रूपी मजदूर का दुर्भाग्य यह है कि उसके श्रम का मूल्य बढ़ता है तो उसी अनुपात में उसका मूल्य कम हो जाता है। मजदूर जितना ही अधिक मूल्य उत्पन्न करता है उतना ही अधिक मूल्यहीन होता है, श्रम जितना ही शक्तिशाली बनता है श्रमिक उसी कदर शक्तिहीन बनता जाता है। अगर मजदूर और उसके उत्पादों के प्रत्यक्ष संबंध पर विचार न किया जाए तो श्रम की प्रकृति में निहित यह विलगाव प्रच्छन्न ही रह जाता है।

इस प्रकार पता चलता है कि त्रिआयामी आर्थिक वियोजन ही वियोजन का सबसे बुनियादी स्वरूप है जो मनुष्य अर्थात् मुक्त सर्जक को मात्र एक माल बनाकर रख देता है। चूंकि वियोजन सृजन का विरोधी है इसलिए मजदूर का वियोजन एकमात्र वियोजन न होते हुए भी शेष सभी प्रकार के वियोजन का मूल स्रोत है। यही वह वस्तु है जो

मानव के रूप में मानव के सारे सृजन-कर्म को उसके स्रोत-स्थल पर ही भ्रष्ट करके रख देती है।

(स) मनुष्य के आत्मवियोजन की *सामाजिक अभिव्यक्ति* पूंजीपति और मजदूर वर्ग अर्थात् आर्थिक क्षेत्र में पूंजी और श्रम हैं। पूंजीपति की क्रियाएं भी इस अर्थ में वियोजित होती हैं कि उसका लोभ मानव-सार की अभिव्यक्ति नहीं होता। फिर भी वह बिना किसी आलोचनात्मक चेतना को प्राप्त किए प्रसन्न रहता है और वियोजन के इस रूप को स्थायी बनाने के प्रयास करता है क्योंकि इसी में उसका भौतिक लाभ भी है। वह परिवार, धर्म, नैतिकता, शिक्षा आदि सभी सामाजिक संस्थाओं के द्वारा अपनी शक्ति का विस्तार करके इस लाभकारी स्थिति से चिपके रहना चाहता है। इस प्रकार समाज की वैचारिक संरचना अंततः उसकी आर्थिक वर्ग-संरचना से निर्धारित होती है। अगर समाज की संरचना का पूर्णरूपेण रूपांतरण किया जाए तभी वियोजन से मुक्त हुआ जा सकता है और मानव को एक स्वतंत्र, सृजनकारी सत्ता के रूप में स्थापित किया जा सकता है।

मार्क्स सर्वहारा को इस परिवर्तन का साधन मानते हैं।[8] मार्क्सवादी दर्शनशास्त्र अपना परिवर्तन का अस्त्र सर्वहारा को मानता है जिस प्रकार सर्वहारा अपने दर्शनशास्त्र को अपना अस्त्र मानता है। पूंजीवादी प्रणाली में सर्वहारा का सत्तामूलक चरित्र एक माल का होता है और इसलिए उसके पास वियोजन की आलोचनात्मक चेतना भी होती है और इस स्थिति को समाप्त करने की क्रांतिकारी प्रेरणा भी। केवल सर्वहारा ही इस वांछित परिवर्तन को ला सकता है और इस दृष्टि से यह पूंजीपति की अपेक्षा कम मानवतारहित होता है। वर्ग के रूप में सर्वहारा सभी वर्गों का निषेध होता है।[9] यहां सर्वहारा को देवगण नहीं माना गया है; हां, वे सार्वभौम मानवता के, मानव के साझे अस्तित्व के साकार रूप अवश्य हैं, यद्यपि वे पूंजीवादी समाज में आत्मवियोजन की अति के सूचक हैं। केवल सर्वहारा वर्ग ही मानवता को विखंडन, बाह्यीकरण और अमानवीकरण से मुक्ति दिला सकता है। इस प्रकार के समाज में पूंजीपति-रूपी व्यक्ति की नकारात्मक स्वतंत्रता की जगह एक ऐसे सर्वोच्च समुदाय की सकारात्मक स्वतंत्रता स्थापित होती है जो सार्वजनिक जीवन पर तथा सभी व्यक्तियों के प्रत्यक्ष और आपसी संबंधों पर आधारित होता है। साम्यवाद मानव के वियोजन के दायरे में *स्वामित्व* का सामान्यीकरण नहीं है बल्कि यह सभी अंतर्विरोधों से मुक्त मानव, मुक्त सर्जक के रूप में मनुष्य की सत्ता की स्थापना है।

5

जैसाकि कहा जा चुका है, मार्क्स (युवा मार्क्स) के दर्शनशास्त्र में वियोजन की धारणा एक मानवशास्त्रीय धारणा है जिसकी सार्थकता केवल मानवीय स्थितियों में है और अपने आर्थिक आयाम में यह गूढ़तम दिखाई देती है। वियोजन मानव की पीड़ा है और एक जबर्दस्त आशावादी होने के नाते मार्क्स का विश्वास है (और उन्होंने दर्शाया है) कि इससे परागमन संभव है। वियोजन से परागमन निषेध का निषेध मात्र नहीं है,

बल्कि यह मानव के सार्वभौम सारतत्व की सकारात्मक पुष्टि भी है।

कुछ लोगों का विचार है कि वियोजन की मार्क्सवादी धारणा की प्रकृति अंततः धार्मिक है और यह स्वर्ग से निष्कासन और फिर स्वर्ग का प्राप्ति की ईसाई धारणा के समान है।[10] लेकिन यह तुलना चाहे जितनी आकर्षक लगे, तार्किक रूप से कमजोर है। अहम नुक्तों पर इन दोनों धारणाओं के बीच कोई समानता नहीं दिखाई देती। विभिन्न क्षेत्रों और खासकर आर्थिक क्षेत्र में वियोजन का मार्क्सीय विश्लेषण अद्वितीय है। इसलिए मात्र सतही समानता को उपमान-प्रमाण के प्रयोग का ठोस आधार नहीं माना जा सकता। कुछ अन्य लोगों का विचार है कि मार्क्स का आरंभिक दर्शनशास्त्र कुछ ज्यादा ही विचारवादी और मानवतावादी है और मार्क्स के परिपक्व दर्शनशास्त्र से इसका कोई तार्किक संबंध नहीं है। इसे ही मार्क्स के आरंभिक और बाद के दर्शनशास्त्र के पारस्परिक संबंध का 'आधिकारिक वक्तव्य' कहा गया है। एक दृष्टिकोण यह भी है कि उनका आंरभिक दर्शनशास्त्र ही सही अर्थों में उनका प्रतिनिधित्व करता है और बाद का चिंतन तो 'भोंडा' है।[11] लेकिन हमें अपनी विवेचना के लिए इन दृष्टिकोणों की छान-परख आवश्यक नहीं लगती।

इतना हम निश्चित जान सकते हैं कि वियोजन की अवधारणा की यह व्याख्या मार्क्सवादी दर्शनशास्त्र के मानवतावादी चरित्र को स्पष्ट रूप से उभारकर सामने लाती है। मानव ही सर्वोच्च जीवन-मूल्य है और उसी की पीड़ा तो वियोजन है। ऐतिहासिक या द्वंद्वात्मक भौतिकवाद के दर्शनशास्त्र के रूप में मार्क्स के चिंतन के निश्चित रूप लेने की प्रक्रिया को उनकी आरंभिक कृतियों में स्पष्ट देखा जा सकता है। जिन बातों पर जोर दिया गया है उनमें यहां-वहां भिन्नता होते हुए भी चिंतनधारा की निरंतरता बनी रहती है। विशेष रूप से एक विशेषता को कभी अनदेखा नहीं किया जा सकता और वह है मार्क्सीय दर्शनशास्त्र का मानवतावादी स्वर। मार्क्स के लिए सर्वहारा के वर्ग-संघर्ष में भागीदारी ही स्वतंत्रता और सच्ची नैतिकता का मार्ग है, क्योंकि इसी वर्ग के लक्ष्य एक वर्गहीन, राजसत्ताविहीन समाज की स्थापना के द्वारा समस्त मानवता की मुक्ति के लक्ष्य से एकाकार हैं। आधुनिक पूंजीवादी समाज में जितनी भी सामाजिक संस्थाएं देखी जाती हैं वे सभी वर्गहीन समाज में नहीं रहेंगी और सारा सृजन वियोजन से मुक्त होगा। ऐसे समाज में व्यक्ति-मानव और सार्वभौम मानव का अंतर्विरोध शेष नहीं रहेगा और *मानव* का अर्थ केवल *मुक्त सर्जक* रूपी मानव होगा। निश्चित ही यह सच्चे अर्थों में मानवतावाद है।

टिप्पणियां एवं संदर्भ

1. हेगेल, *दि फेनोमेनोलाजी आफ माइंड* (अंग्रेजी अनुवाद : जे. बी. बैली),

लंदन, जार्ज एलेन एंड अनविन, 1931.

2. कार्ल मार्क्स, *इकानमिक एंड फिलोसोफिकल मैनास्क्रिप्ट्स आफ 1844,* पृ.138-39.
3. हेगेल, *फिलासफी आफ राइट,* पृ. 190.
4. कार्ल लोविथ, *नेचर, हिस्ट्री एंड एक्जिसटेंशियलिज्म,* पृ. 84.
5. कार्ल पापर, *कंजेक्चर्स एंड रेफ्यूटेशंस,* प्रस्तावना.
6. कार्ल मार्क्स, पूर्वोक्त, पृ. 79
7. उपरोक्त, पृ. 79
8. कार्ल मार्क्स, *क्रिटीक आफ हेगेल्स फिलासफी आफ राइट,* प्रस्तावना.
9. कार्ल मार्क्स, *दि जर्मन आइडियोलाजी,* पृ. 296.
10. उदाहरण के लिए, राबर्ट टकर कृत *फिलासफी एंड मिथ इन कार्ल मार्क्स* को देख सकते हैं।
11. इस संबंध में कार्ल लोविथ का नाम लिया जा सकता है।

अध्याय 7

उपसंहार

1

विल ड्यूरंट की रचना *दि स्टोरी आफ फिलासफी* का अध्ययन किसी भी पाठक के लिए उत्तेजनापूर्ण अनुभव है। इससे हमें उन चिंतन-यात्राओं की झलक मिलती है जो महान विचारकों ने विश्व परिप्रेक्ष्य में विचारों के साहसिक अभियानों के रूप में की हैं। हमें यह जानकर अचरज होता है कि हेराक्लाइटस या प्लेटो (अफलातून) या उद्दालक या नागार्जुन हमारे समय से इतने पूर्व भी कितने 'आधुनिक' और 'प्रगतिशील' थे। हमारा यह दावा करने का निस्संदेह कोई औचित्य नहीं है कि समस्त दार्शनिक ज्ञान को हमने ही आधुनिक युग में प्राप्त किया है। मानव सभ्यता के इतिहास में अनेक विचारक एवं ज्ञानी जन रहे हैं और उन्हीं के माध्यम से मनुष्य ने नई चुनौतियों का सामना किया है और अज्ञात क्षेत्रों में विजय प्राप्त की है। तथापि इसमें एक बात ऐसी उभरती है जो मानव-केंद्रित लग सकती है; वह है इन सब बौद्धिक गतिविधियों का लक्ष्य। यदि चिंतन के क्षेत्र में प्राप्त की गई ये उपलब्धियां एक श्रेष्ठतर मानव-जीवन नहीं दे सकतीं, मानवता की प्रगति और वैज्ञानिक वृत्ति में वृद्धि नहीं कर सकतीं, मूलभूत मानव-मूल्यों की प्राप्ति एवं उनकी स्थापना में सहायक नहीं हो सकतीं, मानव में सहानुभूति एवं प्रेम का प्रसार नहीं कर सकतीं और, सर्वोपरि, मानव की सृजनशीलता में सहायक नहीं हो सकतीं तथा नकारात्मक रूप से, अंधविश्वास, धर्मांधता, विभाजन एवं कट्टरता को दूर करने में सहायक नहीं हो सकतीं, संक्षेप में, प्रगतिपूर्ण सामाजिक बदलाव में योगदान नहीं कर सकतीं तो यह समस्त बौद्धिक चमक-दमक किस काम की ! यदि दर्शनशास्त्र मानव-प्रगति में योगदान नहीं कर सकता तो अपने महान विचारों के बावजूद यह पूर्णरूपेण निष्फल होगा। यहां हम मानववाद की इस कसौटी को व्यावहारिकतावादियों के संकीर्ण अर्थ में प्रयुक्त नहीं कर रहे हैं। मानववाद निस्संदेह उस अर्थ में उपयोगितावादी एवं 'व्यावहारिक' नहीं है जिस संकीर्ण अर्थ में यह स्वीकृत है। इसका यह भी अर्थ नहीं है कि 'ज्ञान के लिए ज्ञान' की भर्त्सना की जानी चाहिए। किंतु यदि मानव के बौद्धिक इतिहास को निकट से देखा जाए तो यह सच

उभरकर सामने आएगा कि ज्ञान सदा से ही 'व्यवहार अथवा प्रयोग' में लाया जाता रहा है। सुकरात की यह उक्ति कि "ज्ञान ही नैतिकता है", सही रूप में दर्शाती है कि ज्ञान हमेशा कर्म की ओर ले जाता है। सुकरात के विचार से सही ज्ञान अनिवार्यतः 'सद्कर्म' की ओर प्रेरित करता है। ज्ञान / चिंतन एवं कर्म के बीच विच्छेद की धारणा उचित नहीं है। गणितज्ञ अथवा तर्कशास्त्री के कार्यकलाप भी अंततः व्यवहार से पूर्णतः मुक्त नहीं होते। आज कोई भी 'शुद्ध विज्ञान' एवं 'व्यावहारिक विज्ञान' के भेद को अधिक गंभीरता से नहीं लेता। सब जानते हैं कि आज जो 'शुद्ध विज्ञान' है वही कल 'व्यावहारिक विज्ञान' होगा और प्रौद्योगिकी को एक आधार प्रदान करेगा। इसी प्रकार विज्ञान की प्रगति होती है। आज जबकि वैज्ञानिक एवं प्रौद्योगिक रूप से समृद्ध पाश्चात्य देश विज्ञान का व्यवसायीकरण कर रहे हैं, 'शुद्ध विज्ञान' अथवा 'ज्ञान के लिए ज्ञान' का नारा खोखला ही प्रतीत होगा। बर्नार्ड डिक्सन की रचनाएं पढ़कर यह अहसास और बढ़ जाता है। उन्होंने डेढ़ दशक पूर्व लिखा था कि एक-तिहाई विज्ञानकर्मी प्रत्यक्ष या अप्रत्यक्ष रूप से 'प्रतिरक्षा सामग्री' बनाने में लगे हुए हैं। इसी से 'शुद्ध विज्ञान' के दावे के खोखलेपन को समझा जा सकता है।

पूछा जा सकता है कि ये विज्ञानकर्मी किसकी 'प्रतिरक्षा' और किसके विरुद्ध 'प्रतिरक्षा' में लगे हुए हैं। यदि दर्शनशास्त्र अपने प्रेमियों में सामान्य मानव-तत्व की मूलभूत भावना को पोषित नहीं करता तो यह विभिन्न मानव-समाजों में विद्यमान समस्याओं को पहचानने में सहायक नहीं हो सकता, उन समाजों में जहां बहुसंख्यक लोग अभाव एवं अधोमानवीकरण का अभिशप्त जीवन जी रहे हैं। यदि दर्शनशास्त्र हमें समय का और ऐतिहासिक समाजों में मानव-अस्तित्व की वास्तविकता का बोध न दे तो 'विचारों की भव्य जययात्रा' का अंततः अधिक महत्व नहीं होगा। इसी परिप्रेक्ष्य एवं आलोक में हम हेगेल के पश्चात् के यूरोपीय एवं एंग्लो-सैक्सन दर्शनशास्त्र का जिसका पिछले अध्यायों में विवेचन हुआ है, संक्षेप में मूल्यांकन करेंगे। हमारा ध्यान यह जानने पर केंद्रित रहेगा कि इसने मानव को उसके सामाजिक-ऐतिहासिक परिवेश में स्थित करके मानव-प्रगति में कहां तक योगदान किया है।

2

कांट एवं हेगेल आधुनिक पाश्चात्य दर्शनशास्त्र के युगांतरकारी विचारक माने जाते हैं और उनकी इस ख्याति का औचित्य भी है। कांट ने ह्यूम की संशयवादी चुनौती के समक्ष एक सतर्क दृष्टिकोण अपनाकर ज्ञान की समस्या का समाधान विज्ञान के पक्ष में किया। इसके फलस्वरूप तत्वमीमांसा ने सर्वोच्च विज्ञान की गौरवपूर्ण स्थिति खो दी। इस बात को हेगेल ने स्वीकार नहीं किया। हेगेल ने अपनी प्रसिद्ध रचना *दि फिनामिनोलाजी आफ दि स्पिरिट* के माध्यम से तत्वमीमांसा को पुनः महिमामंडित करने का प्रयास किया। यह विचारवाद को उच्चतम दार्शनिक सिद्धांत के रूप में प्रतिष्ठित करने का प्रयास भी था। किंतु हेगेल

निस्संदेह इतिहास, राज्य और समाज का महत्व समझते थे। उनके दर्शनशास्त्र का मूलगामी तत्व यह था कि यथार्थ अगर अबुद्धिसंगत है तो उसे बुद्धिसंगत बनाया जाना चाहिए और इस सिद्धांत को अनेक लोग फ्रांसीसी क्रांति के अंतर्भूत सिद्धांत-वाक्य का औपचारिक दार्शनक निरूपण मानते हैं। सर्वोपरि, हेगेल की द्वंद्ववादी प्रणाली ने दर्शनशास्त्र में गतिशीलता एवं प्रगति की संकल्पना की जिसकी दर्शनशास्त्र को बड़ी आवश्यकता थी।

हेगेल के पश्चात् दर्शनशास्त्र में विभिन्न विकास हुए। इनमें तीन प्रमुख हैं—वामपंथी हेगेलवादी, दक्षिणपंथी हेगेलवादी एवं मध्यममार्गी हेगेलवादी। इनमें दो सबसे महत्वपूर्ण हेगेलवादी किर्केगार्ड एवं मार्क्स हैं।

इस पुस्तक के पहले अध्याय में हमारी विवेचना मध्यममार्गी हेगेलवादियों से संबंधित रही है। हेगेल के इन अनुयायियों को उनके तत्वमीमांसी पक्ष अर्थात् विचारवाद को उसके तार्किक निष्कर्ष तक पहुंचाने का श्रेय दिया जाता है। हमने देखा कि उनमें विभिन्न बातों पर बल देने पर एवं तर्कों को लेकर पर्याप्त मतभेद हैं किंतु उनका मुख्य सरोकार एक ही है अर्थात् विचारवादी प्रस्थापना का पोषण करना और सत् की प्रकृति को आध्यात्मिक मानना; यही सत् अपने भीतर समस्त अस्तित्वमान वस्तुओं को समेटे हुए है। इन विचारवादियों में सबसे महत्वपूर्ण अंग्रेज दार्शनिक एफ.एच. ब्रैडले हैं जिन्होंने अपने ही ढंग की तत्वमीमांसा विकसित की यद्यपि वे मोटे तौर पर हेगेलवादी मान्यताओं से जुड़े रहे। अन्य सभी और विशेषतः रॉयस एवं मैकटेगर्ट में मौलिकता होते हुए भी बुनियादी मान्यताएं वही रही हैं।

हेगेलीय दर्शनशास्त्र की इस बुनियादी मान्यता एवं उसके विकास में एक बात स्पष्ट दिखाई देती है कि इसमें गतिशीलता या प्रगति के तत्व का प्रायः अभाव है। किसी विशिष्ट ऐतिहासिक परिवेश में स्थित समाज के मानव और उसकी समस्याओं के प्रति इसमें कोई निश्चित चिंता दिखाई नहीं देती। टी.एच. ग्रीन एवं बोसांके द्वारा विकसित हेगेलवादी राजनीतिक दर्शनशास्त्र में हेगेल के समाज-दर्शनशास्त्र के मूलगामी तत्व को पूर्णतः त्याग दिया गया। इसके परिणामस्वरूप राज्य की प्रवृत्ति सर्वशक्तिमान होने की ओर होती है जो अंततः सच्चे व्यक्ति-स्वातंत्र्य एवं विरोध के अधिकार का निषेध बन जाती है। यथास्थिति की रक्षा की गई है, उसका गौरवगान किया गया है और क्रांति के किसी भी अवसर का सूक्ष्म प्रत्याख्यान किया गया है। अतः जनतंत्र के जिस रूप का संकेत दिया गया है वह जनतंत्र का वांछित रूप नहीं है जिसमें व्यक्ति को वे सच्ची भौतिक परिस्थितियां मिलती हैं जिनमें वह अपना विकास एवं अपने भीतर विद्यमान संभावनाओं को साकार कर सके। संक्षेप में, हेगेल के बाद का परम विचारवाद मानव को इतिहास के किसी विशिष्ट समाज के विशिष्ट क्षण में अस्तित्वमान एक मूर्त सामाजिक-ऐतिहासिक सत्ता मानते हुए सामाजिक परिवर्तन और मानव-प्रगति के प्रति न के बराबर सरोकार प्रदर्शित करता है।

दूसरे अध्याय में हमने ज्ञानमीमांसी यथार्थवाद का इसके समस्त रूपों सहित विवेचन

किया है। यथार्थवाद का स्थूलतम रूप सहज यथार्थवाद है जो एक सामान्य बोध की धारणा है और दार्शनिक चिंतन से रहित आम आदमी इसमें विश्वास करता है। दर्शनशास्त्रियों ने इस धारणा को तार्किक विश्लेषण एवं दार्शनिक परीक्षण के अनुपयुक्त सिद्ध करने के लिए अनेक तर्क दिए हैं। यथार्थवाद की मूल मान्यता यह है कि संज्ञान की वस्तु संज्ञान-स्थिति पर अनाश्रित होती है और इस मान्यता की रक्षा करने के लिए इन दर्शनशास्त्रियों ने ऐसे सूक्ष्म एवं परिष्कृत 'समाधान' प्रस्तुत किए हैं जो सहज यथार्थवाद की सामान्य-बुद्धि धारणा से बहुत दूर हैं। सामान्य-बुद्धि धारणा निश्चय ही अनुल्लंघनीय नहीं है। किंतु किसी को भी यह सरल प्रश्न उठाने का उचित अधिकार तो है ही कि यदि समस्त सूक्ष्म एवं 'परिष्कृत समाधानों' से बात नहीं बनती तो उनकी आवश्यकता ही क्या है। यह दावा तो कोई भी नहीं करेगा कि दर्शनशास्त्र को प्रत्येक स्थिति में सामान्य-बुद्धि धारणा को उचित ठहराना चाहिए। किंतु यह भी सत्य है कि जितना ही दर्शनशास्त्र सामान्य बोध से दूर हटता है उतना ही वह पराया और संदिग्ध हो जाता है। दर्शनशास्त्र आम आदमी से अपना संवाद नहीं तोड़ सकता क्योंकि इससे दर्शनशास्त्र की ही हानि होगी।

जैसाकि ऊपर दर्शाया गया है, अपने समस्त रूपों में यथार्थवाद मूलतः एक ज्ञानमीमांसी समस्या रहा है यद्यपि ज्ञानमीमांसी सिद्धांत प्रायः तत्वमीमांसी प्रस्थापनाओं की ओर ले जाते हैं। जिस तत्वमीमांसी प्रस्थापना का स्थूल संकेत दिया गया है वह नानात्व के संसार की सामान्य-बुद्धि धारणा के निकट है और सत्य के जिस सिद्धांत को मान्यता दी गई है वह है संगित का सिद्धांत। किंतु यह हर स्थिति में समान रूप से सत्य नहीं है। 'उदासीन एकत्ववाद' विकसित करने में रसल का पक्ष अथवा होल्ट या सैमुअल एलेक्जेंडर का पक्ष विचारवाद की तुलना में सामान्य बुद्धि के अधिक निकट नहीं है। जहां तक मानव-सरोकार का प्रश्न है, कदाचित् इसे दर्शनशास्त्र में उठाना सदैव उचित नहीं होता। मूलतः ज्ञानमीमांसी दृष्टिकोण के व्यापक सामाजिक परिणाम नहीं भी हो सकते हैं। किंतु इस निहितार्थ को विकसित करने पर एक अत्यंत दिलचस्प चित्र प्रस्तुत होगा। समस्त यथार्थवादियों में बरट्रेंड रसल ही एक ऐसे विचारक हैं जो मानवीय स्थिति से सरोकार रखने के कारण अलग दिखाई देते हैं। उन्होंने मानव-स्थिति के एक उच्च आदर्श को स्थापित करने और सामाजिक संगठन में सत्ता के केंद्र का विश्लेषण करने का प्रयास किया है। अपनी कट्टर शांतिवादी आस्था के कारण द्वितीय विश्वयुद्ध के दौरान उन्हें जेल भी जाना पड़ा। रसल के एक अपवाद के अतिरिक्त अन्य सभी यथार्थवादी विचारकों की रुचि, रूढ़ अर्थ में, दार्शनिक समस्याओं में ही अधिक रही है और वही उनके सरोकार का मुख्य विषय भी है। यहीं आरंभ होता है वैश्लेषिक दर्शनशास्त्र। इस दर्शनशास्त्र का विकास मुख्यतः इंग्लैंड में पारंपरिक अनुभववाद एवं उससे विकसित एक प्रकार के यथार्थवाद की पराकाष्ठा के रूप में हुआ। विश्लेषण का दर्शनशास्त्र विभिन्न रूपों में प्रकट हुआ और इस शृंखला के अगले ग्रंथों में इसका विस्तृत विवेचन हुआ है।

इस पुस्तक के तीसरे अध्याय में हमने हेगेलवाद के एक असामान्य विकास अर्थात् इतालवी विचारवाद का विवेचन किया है जो क्रोचे एवं जांतील में मिलता है। इन दोनों ही विचारकों ने सृजनशीलता एवं गतिशीलता को गंभीरता से लिया है और इतिहास को दर्शनशास्त्र में स्थित रखने का प्रयास किया है। दोनों ने व्यावहारिक क्रिया पर उचित बल दिया है और, विशेष रूप से क्रोचे द्वारा, नीतिशास्त्र के साथ ही अर्थशास्त्र को समुचित महत्व दिया गया है। दोनों ही अन्विति को एकमात्र सत् मानते हैं और दोनों को ही इस अन्विति के नानात्व की समस्या का समाधान करने में समान कठिनाई का सामना करना पड़ा है। उनके समक्ष दो मार्ग हैं—या तो नानात्व को आभास मात्र घोषित करें या नानात्व को अन्विति के भीतर ही स्थिर मानें। ये दोनों ही मार्ग कठिनाइयों से एकसमान भरे हैं और यहां क्रोचे और जांतील, दोनों ही वाग्जाल का सहारा लेते हैं। जांतील का दर्शनशास्त्र विशेष रूप से गंभीर संदेह का शिकार हुआ है क्योंकि इसे फासीवाद का दार्शनिक आधार माना जाता है। एक ओर तो यह मानना कि मानव इतिहास रचता है और दूसरी ओर व्यक्ति को स्वतंत्रता से पूर्णतः वंचित करना फासीवाद का पोषण करना है। एक व्यक्ति इतिहास बनाता है और अन्य सभी उस पर आश्रित एवं स्वतंत्रता से वंचित रहते हैं तो उन्हें उस नायक का दास होना ही पड़ता है। जो विचारक जाने या अनजाने अपने दर्शनशास्त्र द्वारा फासीवाद को प्रोत्साहन देता हो उससे प्रगतिवादी सामाजिक परिवर्तन की आशा निस्संदेह नहीं की जा सकती। इस दृष्टि से इतालवी विचारवाद, अपनी अच्छाइयों के बावजूद, प्रगति-विरोधी एवं मानव-विरोधी है क्योंकि यह मानव स्वतंत्रता को नकारता है।

चौथे अध्याय में हमने व्यावहारिकतावाद का विवेचन किया है जो दार्शनिक क्षेत्र में प्रायः अमरीकी दर्शनशास्त्र माना जाता है। यह सत्य है कि शिलर के अतिरिक्त इस दर्शनशास्त्र के सभी अग्रणी विचारक जेम्स, पियर्स और डेवी अमरीकी विचारक हैं। किंतु यह नहीं कहा जा सकता कि इस चिंतन-पद्धति में कोई बात विशेष रूप से 'अमरीकी' है। दर्शनशास्त्र का यह संप्रदाय स्पष्टतः मानव-केंद्रित प्रतीत होता है क्योंकि इसका आरंभ ही प्रोटेगोरस के इस सिद्धांत-वाक्य से होता है कि "मनुष्य ही समस्त वस्तुओं का मानदंड है।" 'उपयोगिता', 'व्यवहार', 'व्यावहारिकता', 'व्यावहारिक' पर भी इसमें पर्याप्त दार्शनिक बल दिया गया है। किंतु अंततः यह सब अकेले व्यक्ति पर ही केंद्रित सिद्ध होता है। यह दर्शनशास्त्र सामाजिक-ऐतिहासिक परिवेश में स्थित सामाजिक मानव की उचित समझ नहीं दर्शाता। ऐसा प्रतीत होता है कि प्रत्येक मानव का अपना निजी अस्तित्व है और इस अस्तित्व में समाज या उसके अपने सामाजिक अस्तित्व की कोई महत्वपूर्ण भूमिका नहीं है। अधिकांश दार्शनिक चिंतन-धाराओं का अभिशाप यही सोचना है कि दर्शनशास्त्र में मानव का महत्व केवल ऐसे व्यक्ति के रूप में ही है जिसका अपनी सामाजिक स्थिति से कुछ सरोकार न हो। यह धारणा आरंभ से ही भ्रमपूर्ण है। व्यक्ति की अधिकांश समस्याओं का कारण उसका

सामाजिक-ऐतिहासिक परिवेश एवं स्थिति हैं। ठीक से न समझी गई समस्याओं के जो समाधान निकाले जाते हैं वे अनिवार्यतः आंशिक एवं अपर्याप्त होते हैं। जहां एक सत्य की प्रकृति एवं मानदंड का संबंध है, व्यावहारिकतावादी दर्शनशास्त्र जिस सापेक्ष दृष्टिकोण की हिमायत करता है वह केवल संकीर्ण रूप से ही सापेक्ष है और अपने को व्यक्तिपरक ढांचे तक ही सीमित रखता है। परिणामतः इस चिंतनधारा से यह आशा नहीं की जा सकती कि यह मानव के सामाजिक अस्तित्व के प्रति चेतना दर्शाए और इस अस्तित्व से उत्पन्न समस्याओं को पहचाने।

पांचवें अध्याय में एक विशिष्ट एवं मौलिक चिंतन-पद्धति का विवचेन और परीक्षण किया गया है। इस पद्धति को फ्रांसीसी विचारक हेनरी बर्गसाँ ने प्रस्तुत किया है। बर्गसाँ हेराक्लाइटस की इस उक्ति से उन्माद की स्थिति तक प्रभावित प्रतीत होते हैं कि ''प्रत्येक वस्तु परिवर्तनशील है'' अथवा ''परिवर्तन ही सत् है'' और वे 'एलाँ विताल' (जीवन-शक्ति) का दर्शनशास्त्र प्रस्तुत करते हैं। उनका यह दर्शनशास्त्र आकर्षक और मुग्ध करनेवाला है। किंतु सामाजिक मानव अपनी ही गतिशीलता पर मुग्ध इस दर्शनशास्त्र के केंद्र के निकट कहीं दिखाई नहीं देता। गहन चिंतन करने पर हमारी सामान्य जानकारियां अथवा समस्याएं गतिशीलता के इस चिंतन में विद्यमान प्रतीत नहीं होतीं। किसी भी ऐसी स्थायी या सापेक्षतः स्थायी वस्तु को सत् के रूप में स्वीकार नहीं किया जा सकता जिसकी स्वीकृति के बिना इतिहास मिथक हो जाता हो। अतः सामाजिक-ऐतिहासिक अस्तित्वधारी व्यक्ति और ऐसे अस्तित्व के घटकों की इस दर्शनशास्त्र में प्रासंगिकता, यदि कोई हो तो, गौण ही हो सकती है। 'एलाँ विताल' का दर्शनशास्त्र वास्तव में किसी अंतरिक्षयान के विस्फोट की भांति है जिसके समाप्त हो जाने पर मुट्ठी-भर राख के अतिरिक्त अन्य कुछ नहीं बच रहता। अतः मानव के समाज एवं सामाजिक परिवर्तन की और प्रगतिशील सामाजिक परिवर्तन में इस दर्शनशास्त्र से अभिकर्ता के रूप में कार्य करने की आशा करना व्यर्थ है। यह तो मानो कुछ गुजरते हुए विचारों से परिचय मात्र है जिनमें संजोकर रखने योग्य कुछ नहीं है।

हेगेल ने विजोजन की जिस अत्यधिक महत्वपूर्ण धारणा की प्रमुख विशेषताएं दर्शाई थीं उसे मार्क्स ने और अधिक ठोस दार्शनिक धरातल पर रखा, जैसाकि अध्याय 6 में विवेचित किया गया है। विचार से, जैसाकि हेगेल में मिलता है, मनुष्य में, जैसाकि फायरबाख में पाया जाता है, संक्रमण, और तदनंतर स्वयं विजोजन की अननुभवगम्यता, जैसीकि मार्क्स ने कल्पना की है, दर्शनशास्त्र को एक सर्वथा नई अर्थवत्ता एवं गुंजाइश प्रदान करते हैं, और यह बात पिछले अध्याय से स्पष्ट हो जानी चाहिए।

विवेचित दर्शनशास्त्रियों का संक्षिप्त जीवन-परिचय

यहां प्रयुक्त अधिकांश सामग्री पॉल एडवर्ड्स द्वारा संपादित *दि इनसाइक्लोपीडिया आफ फिलासफी* (मैकमिलन पब्लिशिंग कंपनी, न्यूयार्क एवं लंदन द्वारा प्रकाशित, 1967) से ली गई है। इसका हम कृतज्ञतापूर्वक ज्ञापन करते हैं। विचारकों के नाम अंग्रेजी वर्णमाला के क्रम में व्यवस्थित किए गए हैं।

एलेक्जेंडर, सैमुअल टेलर (1859-1938) अंग्रेज यथार्थवादी तत्वमीमांसक थे। उनका जन्म सिडनी, न्यू साउथ वेल्स, आस्ट्रेलिया में हुआ था और उनकी शिक्षा वेज्ले कालेज, मेलबोर्न में हुई। 1877 में छात्रवृत्ति मिलने पर वे बैलियाल कालेज, आक्सफोर्ड आ गए जहां उन्होंने गणित, 'क्लासिक्स' और दर्शनशास्त्र का अध्ययन किया। 1882 में वे लिंकन कालेज की एक अध्येतावृत्ति के लिए चुने गए। वे उन कुछ चुने हुए अध्येताओं में थे जो आक्सफोर्ड या कैंब्रिज में पहली बार चुने गए थे। उनकी पहली रचना *मारल आर्डर एंड प्रोग्रेस* (1889) पर विचारवादी नीतिशास्त्र का प्रभाव दिखाई देता है जो उस समय आक्सफोर्ड में छाया हुआ था। किंतु वे शीघ्र ही इस विचारवादी चिंतन की प्रवृत्ति से मुक्त हो गए और उनकी रुचि अनुभववादी विज्ञानों, विशेषतः जीवविज्ञान एवं मनोविज्ञान में हुई। मनोविज्ञान में उनकी रुचि इतनी बढ़ी कि उन्होंने अध्येतावृत्ति त्याग दी और जर्मनी में फ्राइबुर्ग की ह्यूगो माइंस्टरबर्ग साइकोलॉजिकल लैबोरेटरी में एक साल बिताने के पश्चात् अपना अध्ययन निजी रूप से करने लगे। 1893 में उन्हें ओवेंस कालेज (बाद में मैनचेस्टर का विक्टोरिया विश्वविद्यालय) में दर्शनशास्त्र के आचार्य पद के लिए चुना गया। 1924 में सेवानिवृत्त होने तक वे इस पद पर रहे।

एलेक्जेंडर अत्यंत मिलनसार व्यक्ति थे। मैनचेस्टर विश्वविद्यालय एवं नगर, दोनों में ही समान रूप से लोकप्रिय थे। मैनचेस्टर नगर में ही 1938 में उनका देहावसान हुआ। उनकी प्रमुख दार्शनिक रचना है *स्पेस, टाइम एंड डिइटी* जो 1915 में ग्लासगो

में दिए गए 'गिफर्ड' व्याख्यानों का संग्रह है और जो 1920 में दो खंडों में प्रकाशित हुई। उनकी अन्य रचनाएं हैं—*ब्यूटी एंड दि अदर फार्म्स आफ वैल्यू* (लंदन, 1933) और *फिलासाफिकल एंड लिटरेरी पीसेज* (संपादक जे. लेयर्ड, लंदन, 1939)। इस पुस्तक में एलेक्जेंडर के उन लेखों, पुस्तक समीक्षाओं इत्यादि की सूची दी गई है जो विभिन्न दार्शनिक पत्रिकाओं में छपे थे।

बर्गसाँ, हेनरी (1859-1941) का जन्म पेरिस में हुआ था। वे अंग्रेज और पोलिश माता-पिता की संतान थे। बर्गसाँ की व्यापक शैक्षिक रुचियों का श्रेय यूरोपीय, विशेषतः फ्रांसीसी, दार्शनिक परंपरा को जाता है। वे मुख्यतः उन विचारकों से प्रभावित हुए जिनके विचार उनके भौतिकवाद-विरोध और यंत्रवाद-विरोध का समर्थन करते थे। उन्हें इस बात का दृढ़ विश्वास था कि ये दोनों सिद्धांत दार्शनिक रूप से प्रतिपादनीय नहीं हैं। उन पर मेन द बिरां, एमिल ब्रोंत्रो, अल्फ्रेड फोनिली, डार्विन एवं स्पेंसर के विचारों का प्रभाव पड़ा था। प्राचीन विचारकों में वे प्लोटिनस के ऋणी थे। अपने अध्यापन एवं लेखन की अवधि में उन्होंने नए विशिष्ट दार्शनिक दृष्टिकोण के लिए अंतर्राष्ट्रीय ख्याति अर्जित की। उनका यह दृष्टिकोण उनकी वभिन्न रचनाओं में प्रस्तुत हुआ है जिनमें श्रेष्ठ साहित्यिक, प्रभावपूर्ण एवं प्रांजल शैली के दर्शन होते हैं। सन् 1900 में वे कालेज द फ्रांस में दर्शन के आचार्य नियुक्त हुए और 1921 तक इसी पद पर रहे। तत्पश्चात् खराब स्वास्थ्य के कारण वे सेवानिवृत्त हो गए। उन्हें अनेक सम्मान प्रदान किए गए जिनमें फ्रांसीसी अकादमी में चयन एवं 1927 का साहित्य का नोबल पुरस्कार भी सम्मिलित हैं। पहले विश्वयुद्ध के बाद बर्गसाँ अपना अधिकांश समय अंतर्राष्ट्रीय शांति एवं सहयोग को बढ़ावा देने में लगाने लगे, किंतु द्वितीय विश्वयुद्ध के दौरान जब नात्सी सेनाओं ने फ्रांस का अधिग्रहण कर लिया तो उनका परोपकार का यह कार्यक्रम बंद हो गया। 1914 में फ्रांस के जर्मन अधिग्रहण में रहते हुए ही उनकी मृत्यु हो गई। उनकी प्रमुख रचनाएं हैं—*टाइम एंड फ्री विल : ऐन एसे आन द इमिडिएट डेटा आफ कांशसनेस, मैटर एंड मेमरी, इंट्रोडक्शन टु मेटाफिजिक्स, क्रिएटिव एवाल्यूशन, माइंड-एनर्जी, दि टू सोर्सेज आफ मोरैलिटी एंड रिलिजन* आदि।

बोसांके, बर्नाड (1848-1923) का संक्षिप्त विवेचन इस ग्रंथ में अंग्रेज विचारवादी दर्शनशास्त्री के रूप में हुआ है। उनका जन्म आल्टविक में हुआ था एवं शिक्षा हैरो स्कूल एवं बैलियाल कालेज, आक्सफोर्ड में हुई। वे प्राचीन इतिहास के अच्छे ज्ञाता थे और इस विषय को उन्होंने आक्सफोर्ड में 1871 से लेकर 1881 तक पढ़ाया। फिर वे आक्सफोर्ड छोड़कर लंदन आ गए। वहां उन्होंने लंदन एथिकल सोसायटी, और चैरिटी आर्गेनाइजेशन सोसायटी में सक्रिय भाग लिया। कुछ समय के लिए उन्होंने प्रौढ़ शिक्षा कार्यक्रम में भी अध्यापन-कार्य किया। 1895 में उन्होंने हेलन डेंडी से विवाह किया

जो चैरिटी आर्गेनाइजेशन सोसायटी में कार्य करती थीं। डेंडी बहुत पढ़ी-लिखी महिला थीं और समाज-सेवा के प्रति समर्पित थीं। बोसांके 1903 से 1908 तक एक सेंट एंड्रयूज विश्वविद्यालय में नीति-दर्शन के आचार्य पद पर रहे। उनकी मुख्य रचनाएं हैं—'लाजिक ऐज दि साइंस आफ नालेज' नाम का निबंध जो *एसेज इन फिलासाफिकल क्रिटिसिज्म* (लंदन, 1889) नाम के संग्रह में प्रकाशित हुआ जो टी.एच. ग्रीन की स्मृति में निकाला गया था और इसके संपादक ए. सेठ और आर. बी. हॉल्डेन थे, *नालेज एंड रियलिटी* (लंदन, 1885) और *लाजिक ऑर दि मार्फोलाजी आफ नालेज* (दो खंड, लंदन, 1888), बोसांके द्वारा हेगेल की रचना *फिलासफी आफ फाइन आर्ट* का अनुवाद (लंदन, 1886), *हिस्ट्री आफ एस्थेटिक्स* (लंदन एवं न्यूयार्क, 1892), *दि प्रिंसीपुल आफ इंडिविजुआलिटी एंड वैल्यू* (लंदन, 1912), *दि वैल्यू एंड डेस्टिनी आफ दि इंडिविजुअल* (लंदन, 1913)। बोसांके ने अनेक ग्रंथों का प्रणयन किया और पत्रिकाओं के लिए अनेक दार्शनिक लेख लिखे। वे ब्रैडले से प्रभावित थे और उनके आलोचक भी थे। ब्रैडले ने भी बोसांके की रचनाओं से बहुत कुछ सीखा।

ब्रैडले, फ्रांसिस हरबर्ट (1846-1924) का विवेचन यहां अंग्रेज विचारवादी विचारक के रूप में हुआ है। उनका जन्म क्लैफम में हुआ था और उनकी शिक्षा यूनिवर्सिटी कालेज, आक्सफोर्ड में हुई। 1870 में उन्हें मर्टन कालेज, आक्सफोर्ड में एक अध्येतावृत्ति के लिए चुना गया। विवाह कर लेने पर यह वृत्ति त्यागनी पड़ती; किंतु ब्रैडले ने विवाह किया ही नहीं और इसलिए वे आजीवन अध्येता बने रहे। इस वृत्ति में अध्यापन-कार्य अनिवार्य नहीं था। अतः ब्रैडले अपना समय पढ़ने-लिखने में लगाते थे। उनकी प्रकाशित रचनाओं में मुख्य हैं—*दि प्रिपोजीशंस आफ क्रिटिकल हिस्ट्री* (आक्सफोर्ड, 1874), *एथिकल स्टडीज* (लंदन, 1876), *प्रिंसिपुल्स आफ लाजिक* (लंदन, 1883), और *अपियरेंस एंड रियालिटी* (लंदन, 1893)। उन्होंने विभिन्न दार्शनिक पत्रिकाओं के लिए अनेक दार्शनिकलेख लिखे। इसमें से कुछ लेख *एसेज आन ट्रुथ एंड रियालिटी* (आक्सफोर्ड, 1914) और *कलेक्टेड एसेज* (आक्सफोर्ड, 1935) के नाम से प्रकाशित हुए हैं। राजनीतिक चिंतन में ब्रैडले टोडी थे और उदारतावाद से घृणा करते थे। उन्होंने उपयोगितावादी नीति का प्रत्याख्यान किया और अपने लेखन में उपयोगितावाद एवं अनुभववाद की कटु आलोचना की। अन्य लोगों के अतिरिक्त टी.एस. इलियट भी उनकी साहित्यिक शैली के प्रशंसक थे।

केयर्ड, एडवर्ड (1835-1908) का जन्म स्काटलैंड में ग्रीनाक में हुआ था और वे स्काटिश हेगेलवादियों में अग्रणी थे। उनके अग्रज जॉन केयर्ड प्रख्यात उपदेशक एवं धर्माचार्य थे और अपने अनुज पर उनका पर्याप्त प्रभाव पड़ा। एडवर्ड केयर्ड की शिक्षा ग्रीनाक एकेडमी और ग्लासगो विश्वविद्यालय में हुई (बीच में थोड़े समय के लिए वे सेंट एंड्रयूज

में भी रहे)। बाद में वे बैलियाल कालेज, आक्सफोर्ड गए और उन्होंने 'क्लासिकल मॉडरेशंस' और 'ग्रेट्स' (आरंभिक एवं अंतिम परीक्षाओं) में प्रथम श्रेणी प्राप्त की। 1864 से दो वर्षों के लिए वे मर्टन में अनुशिक्षक एवं अध्येता रहे। 1866 में जब वे ग्लास्गो में नीतिशास्त्र के आचार्य पद के लिए चुने गए तो उन्होंने मर्टन छोड़ दिया। वे 1893 तक इस पद पर रहे, तत्पश्चात् आक्सफोर्ड लौट आए और बेंजामिन जोवेट के स्थान पर बैलियाल के 'मास्टर' नियुक्त हुए। खराब स्वास्थ्य के कारण 1907 में उन्होंने यह पद छोड़ दिया और अगले ही वर्ष उनकी मृत्यु हो गई।

केयर्ड एक महान अध्यापक थे और अपने विद्यार्थियों पर उनका गहरा प्रभाव था जो गर्व से अपने-आपको उनका शिष्य मानते थे। उनके शिष्यों में हेनरी जोंस, जे.एच. म्यूरहेड, जे.एस. मेकेंजी एवं जॉन वाटसन जैसे विख्यात लोग थे। उनकी रचनाएं हैं—*ए क्रिटिकल एकाउंट आफ दि फिलासफी आफ कांट* (ग्लास्गो, 1877), *हेगेल* (एडिनबरा, 1883), *दि सोशल फिलासफी एंड रिलिजन आफ कांट* (ग्लास्गो, 1888), *दि क्रिटिकल फिलासफी आफ इमैनुएल कांट* (ग्लास्गो, 1889), *एसेज इन लिटरेचर एंड फिलासफी* (ग्लास्गो, 1892), *दि इवाल्यूशन आफ रिलिजन* (ग्लास्गो, 1893), और *दि इवाल्यूशन आफ थियोलाजी इन दि ग्रीक फिलासफर्स* (ग्लास्गो, 1904)। धर्म के दर्शनशास्त्र में उनकी विशेष रुचि थी और उनकी मान्यता थी कि "आधुनिक दर्शनशास्त्र का सबसे महान विषय मानवीय एवं दिव्य के संबंध की समस्या है।" उन्होंने बड़ी लोकप्रियता अर्जित की।

क्रोचे, बेनेदेतो (1866-1952) का जन्म इटली के एक धनी जमींदार परिवार में हुआ था। उन्हें कभी आजीविका कमाने की आवश्यकता नहीं हुई। आरंभ में उनका रुझान साहित्यिक एवं ऐतिहासिक शोध की ओर हुआ किंतु उन्होंने कभी गंभीरतापूर्वक शैक्षिक वृत्ति में प्रवेश नहीं किया। वे अपनी इच्छानुसार अध्ययन करना चाहते थे और उन्हें इसकी अनुमति भी मिली। वे रोम विश्वविद्यालय में एंटोनियो लैब्रियोला के प्रभाव में आए जिन्होंने क्रोचे को जे.एफ. हरबर्ट एवं कार्ल मार्क्स का अध्ययन करने के लिए प्रेरित किया। इन विचारकों के अध्ययन ने उनके दर्शनशास्त्र पर स्थायी प्रभाव डाला। 1886 में वे स्थायी रूप से नेपल्स में बस गए। 1893 में उनके निबंध *हिस्ट्री ब्राट अंडर दि जनरल कांसेप्ट आफ आर्ट* नाम से प्रकाशित हुए। 1898 में मार्क्स पर पुस्तक लिखते समय अपने समकालीन जांतील से उनका पत्र-व्यवहार आरंभ हुआ जो क्रोचे की भांति ही कार्य कर रहे थे और दोनों में दीर्घ मैत्री स्थापित हुई। क्रोचे की प्रथम रचना *एस्थेटिक* की पहली रूपरेखा 1900 में सामने आई। 1903 में उन्होंने *ला क्रिटिका* नामक पत्रिका आरंभ की और 1904 में दे बारी के लेतरेजा प्रकाशकों के संपादकीय सलाहकार हो गए। इन दोनों माध्यमों से उन्होंने साहित्यिक एवं शैक्षिक जगत पर बहुत प्रभाव डाला। क्रोचे को इतालवी सेनेट का आजीवन सदस्य बना दिया

गया और 1915 में जब इटली प्रथम विश्वयुद्ध में सम्मिलित हो गया तो उन्होंने अपनी तटस्थतावादी नीति छोड़ दी और सक्रिय राजनीति में आ गए। युद्धोत्तर संकटकाल में वे गियोवानी जियोलिती के अंतिम मंत्रिमंडल (1920-21) में शिक्षामंत्री बने। जांतील की सहायता से उन्होंने स्कूली शिक्षा-पद्धति में सुधार की योजना बनाई जिसे उस समय तो अस्वीकृत कर दिया गया किंतु बाद में फासीवादी प्रशासन ने लागू किया (1923-24 का रिफार्मा जांतील)। तथापि क्रोचे फासीवाद का समर्थन नहीं कर सके और उन्होंने जांतील के 'फासीवादी बुद्धिजीवियों का घोषणापत्र' के विरुद्ध प्रसिद्ध 'विरोध' का प्रारूप बनाया। वे प्रमुख 'फासीवाद-विरोधी बुद्धिजीवी' के रूप में पहचाने जाने लगे और मृत्युपर्यंत फासीवाद के विरोधी रहे। फासीवाद के पतन के बाद वे पुनर्गठित लिबरल पार्टी के नेता बन गए और 1944 में एक बार फिर थोड़े समय के लिए मंत्रिमंडल के सदस्य रहे। उनकी अनेक प्रकाशित रचनाएं हैं जो 67 ग्रंथोंवाले संपूर्ण क्रोचे-साहित्य के रूप में 1965 में प्रकाशित हुई हैं। उनके कुछ प्रमुख प्रकाशन हैं—*हिस्टारिकल मैटीरियलिज्म एंड दि इकोनामिक्स आफ कार्ल मार्क्स* (न्यूयार्क, 1914), *एस्थेटिक* (अनुवाद : डी. आइंस्लिक, न्यूयार्क, 1909), *लाजिक* (अनुवाद : डी. आइंस्लिक, न्यूयार्क, 1917), *दि फिलासफी आफ दि प्रैक्टिकल* (अनुवाद : डी. आइंस्लिक, न्यूयार्क, 1913) *दि एसेंस आफ एस्थेटिक्स* (लंदन, 1921), *हिस्ट्री—इट्स थियरी एंड प्रैक्टिस* (न्यूयार्क, 1921), *दि कंडक्ट आफ लाइफ* (अनुवाद : ए. लिविंग्सटन, न्यूयार्क, 1924), *हिस्ट्री ऐज दि स्टोरी आफ लिबर्टी* (लंदन, 1941) और *माइ फिलासफी* (लंदन, 1949)।

डेवी जॉन (1859-1952) उन विचारकों में हैं जिन्होंने न केवल अमरीकी दर्शनशास्त्र पर अपितु शिक्षा-पद्धति और दर्शनशास्त्र पर भी अपनी अमिट छाप छोड़ी। वे सर्वाधिक उदारवादी एवं लोकतांत्रिक मानसिकतावाले विचारकों में हैं जो उस प्रत्येक बात का विरोध करते थे जो उन्हें लोकतंत्र-विरोधी, निरंकुशतावादी एवं दमनकारी प्रतीत होती थी। उनका जन्म बर्लिंगटन (वरमौंट) में हुआ था और उनकी शिक्षा भी वहीं हुई। उन्हें पुस्तकों से प्रेम था और वे काफी अच्छे विद्यार्थी थे। 1875 में वे वरमौंट विश्वविद्यालय में प्रविष्ट हुए। 1879 से लेकर 1881 तक वे पेनसिल्वेनिया के एक विद्यालय में 'क्लासिक्स', विज्ञान और बीजगणित के अध्यापक रहे। डेवी ने अपने एक निकट संबंधिन से 500 डालर उधार लिए और नव-स्थापित जॉन्स हापकिंस विश्वविद्यालय के स्नातक कार्यक्रम में प्रवेश ले लिया। सी.एस. पायर्स से उन्होंने तर्कशास्त्र और जी.एस. हाल से मनोविज्ञान की शिक्षा प्राप्त की। ये दोनों ही अध्यापक अपने-अपने विषय के मर्मज्ञ थे। डेवी ने हक्सले से जैविक संकल्पना सीखी और वे हेगेल से भी अत्यधिक प्रभावित थे। किंतु शीघ्र ही उन्हें शुद्ध चिंतन से असंतोष होने लगा। वे दर्शनशास्त्र को प्रत्यक्षमुखी और व्यावहारिक रूप से प्रासंगिक बनाना

चाहते थे। जॉन्स हापकिंस विश्वविद्यालय से कांट के मनोविज्ञान पर शोधपत्र पूर्ण करने के पश्चात् 1884 में वे मिशिगन विश्वविद्यालय आ गए। यहां उनकी बौद्धिक गतिविधियों में तेजी आई और उनके राजनीतिक एवं आर्थिक विचार अधिकाधिक मूलगामी होते गए। मनोविज्ञान में उनकी रुचि बढ़ी और इस दौरान उन्होंने मनोविज्ञान पर कुछ पुस्तकें भी लिखीं। 1894 में डेवी को शिकागो विश्वविद्यालय के दर्शनशास्त्र, मनोविज्ञान एवं शिक्षा विभाग का अध्यक्ष नियुक्त किया गया। यहां उन्होंने हॉल हाउस की गतिविधियों में भाग लिया और उन सामाजिक एवं आर्थिक समस्याओं का प्रत्यक्ष अनुभव प्राप्त किया जो नगरीकरण, तीव्र प्रौद्योगिक प्रगति एवं आप्रवासी जनसंख्या के आगमन से उत्पन्न हुई थीं। सब प्रकार के कामगारों, ट्रेड यूनियनों के नेताओं एवं राजनीतिक अनुदारवादियों से उनका मिलना-जुलना था। उन्होंने अपने समान विचारोंवाले कुछ साथियों को एकत्रित किया और उनके साथ मिलकर कार्य करने लगे। उन्होंने प्रसिद्ध प्रयोगशाला विद्यालय की स्थापना की जो आमतौर पर डेवी स्कूल के नाम से जाना जाता था। प्रशासनिक अधिकारियों से बढ़ते संघर्ष के कारण उन्होंने 1904 में शिकागो छोड़ दिया और कोलंबिया चले आए जहां वे 1930 में सेवानिवृत्त होने तक रहे। अध्यापक एवं शिक्षाशास्त्री के रूप में डेवी को अंतर्राष्ट्रीय ख्याति मिली और कोलंबिया टीचर्स कालेज के माध्यम से, जहां विश्व-भर से अध्यापक प्रशिक्षण प्राप्त करने आते थे, डेवी का शिक्षा-दर्शनशास्त्र संसार भर में फैल गया।

डेवी एक श्रेष्ठ मानव थे। उनकी प्रत्येक बात में उनकी नम्रता, बेबाकपन, समर्पण, लोकतांत्रिक प्रक्रियाओं में उनकी गहन निष्ठा, मूलगामी आस्था और अपने साथियों के प्रति आदर-भाव प्रकट होता था। 1937 में जब वे 78 वर्ष के थे, वे एक आयोग की अध्यक्षता करने मेक्सिको गए जो मास्को मुकद्दमे के दौरान लियोन त्रात्स्की पर लगाए गए अभियोगों की जांच कर रहा था। सावधानीपूर्वक जांच करने के पश्चात् आयोग ने अपनी रपट *निर्दोष* (न्यूयार्क, 1937) प्रस्तुत की। 1941 में डेवी ने शैक्षिक स्वतंत्रता के आंदोलन की हिमायत की जब बरट्रेंड रसल को, जो दर्शनशास्त्र में उनके सबसे बड़े विरोधी थे, न्यूयार्क के सिटी कालेज में पढ़ाने की अनुमति नहीं दी गई। डेवी ने निबंधों की एक पुस्तक के संपादन में सहयोग किया जिसमें इस निर्णय का विरोध किया गया था। उनकी प्रमुख रचनाएं हैं—*साइकोलाजी* (न्यूयार्क, 1887), *एप्लाइड साइकोलाजी* (बोस्टन, 1889), *दि साइकोलाजी आफ नंबर एंड इट्स एप्लीकेशंस टु मेथड्स आफ टीचिंग अरिथमेटिक* (न्यूयार्क, 1895)—(बादवाली दो पुस्तकें जे. ए. मैकलेलांग के साथ मिलकर लिखी गई थीं)—*दि स्कूल एंड सोसायटी* (शिकागो, 1900), *दि चाइल्ड एंड करिक्युलम* (शिकागो, 1902), *कैरेक्टर्स एंड इवेंट्स* (दो खंड, न्यूयार्क, 1929), *रिकंस्ट्रक्शन इन फिलासफी* (न्यूयार्क, 1920), *एक्सपेरियंस एंड नेचर* (शिकागो, 1925), *आर्ट ऐज एक्सपेरियंस* (न्यूयार्क, 1934), *स्टडीज इन लाजिकल थियरी* (शिकागो, 1903), *हाउ वी थिंक* (बोस्टन, 1910), *एसेज इन एक्सपेरिमेंटल*

लाजिक (शिकागो, 1916), *लाजिक : दि थियरी आफ इंक्वायरी* (न्यूयार्क, 1938), *डेमोक्रैसी एंड एजुकेशन* (न्यूयार्क, 1916), *ह्यूमन नेचर एंड कंडक्ट* (न्यूयार्क, 1922) और *फिलासफी एंड सिविलाइजेशन* ।

जांतील, गियोवानी (1875-1944) का जन्म सिसली (इटली) के कास्तेलवेतरानो में हुआ था । उन्होंने अपनी विश्वविद्यालयी शिक्षा इतालवी साहित्य के विद्यार्थी के रूप में आरंभ की किंतु शीघ्र ही उनका रुझान दोनातो साजा के दर्शनशास्त्र की ओर हो गया जो नेपल्स के हेगेलवादी बरत्रांदो स्पावेंता के शिष्य थे । इस प्रकार जांतील का बौद्धिक विकास, कुछ सीमा तक, हेगेलवाद से प्रभावित रहा । इसमें इतालवी दार्शनिक परंपरा के प्रति उनकी उग्रराष्ट्रवादी रुचि का भी हाथ था । उनकी पहली रचना उनका शोधग्रंथ *रोसिमिनि ए जियोबेस्ती* (पीसा, 1898) थी और दूसरी रचना मार्क्स का समालोचनात्मक परीक्षण *लां फिलोसोफिया दी मार्क्स* (पीसा, 1899) थी जिसमें उन्होंने पारंपरिक हेगेलवादी दृष्टिकोण अपनाया था । 1900 में उन्होंने *दि कांसेप्ट आफ एजुकेशन* नाम का महत्वपूर्ण निबंध लिखा और यहीं से इतालवी स्कूली शिक्षा-पद्धति का उनका सुधार-अभियान आरंभ हुआ । 1906 में वे पालेर्मो में दर्शनशास्त्र के इतिहास के आचार्य नियुक्त हुए । 1914 में वे पीसा में जाजा पीठ पर नियुक्त हुए जहां रहते हुए उन्होंने अपनी सबसे महत्वपूर्ण रचना *दि जनरल थियरी आफ दि स्पिरिट ऐज प्योर एक्ट* (पीसा, 1916) लिखी । इस रचना से उन्हें अंतर्राष्ट्रीय ख्याति मिली । 1917 में वे रोम विश्वविद्यालय चले आए । इसी वर्ष *सिस्टम आफ लाजिक ऐज थियरी आफ नोइंग* (पीसा, 1917) नामक रचना के प्रथम खंड में जांतील के दृष्टिकोण का व्यवस्थित वक्तव्य प्रकाशित हुआ । इसका दूसरा खंड 1923 में प्रकाशित हुआ ।

उनकी वृत्ति राजनीतिक थी और उन्हें 'फासीवाद का दर्शनशास्त्री' कहा गया। वे मुसोलिनी के मंत्रिमंडल में शिक्षामंत्री थे । उन्होंने इटली की संपूर्ण शिक्षा-प्रणाली में सुधार किया और उसे नियंत्रित किया । 1943 में मुसोलिनी के पतन के पश्चात् वे सेवानिवृत्त हो गए । उन्होंने समाज की उत्पत्ति एवं रचना पर एक छोटी किंतु महत्वपूर्ण पुस्तक *जेनेसी ए स्त्रातुरा देला सोसाइता* (फ्लोरेंस, 1946) लिखी जो उनकी मृत्यु के उपरांत प्रकाशित हुई । जर्मनों ने उन्हें फासिस्ट सोशल रिपब्लिक के समर्थक के रूप में पुनः सार्वजनिक जीवन में लौटने पर सहमत कर लिया । 1944 में इतालवी कम्युनिस्ट-समर्थकों ने फ्लोरेंस में जांतील की हत्या कर दी ।

ग्रीन, टॉमस हिल (1836-1882) चर्च आफ इंग्लैंड के एक पादरी के चौथे पुत्र थे । उनका जन्म बर्किन (यार्कशायर) में हुआ था । रग्बी स्कूल जाने से पूर्व उन्हें आरंभिक शिक्षा अपने पिता से मिली और 1855 में वे बैलियाल कालेज, आक्सफोर्ड में प्रविष्ट हुए । 1860 में उन्हें बैलियाल कालेज, आक्सफोर्ड में अध्येता चुना गया । 1863 में

उन्होंने *दि टाइम्स आफ इंडिया* का संपादक पद अस्वीकार कर दिया जो तब बंबई से निकलनेवाला था। 1866 से लेकर 1878 तक वे ट्यूटर के रूप में बैलियाल कालेज में अत्यधिक व्यस्त रहे। 1878 में उन्हें आक्सफोर्ड विश्वविद्यालय में नीतिशास्त्र के आचार्य पद के लिए चुन लिया गया। 1871 में उन्होंने शारलट साइमंड्स से विवाह किया। वे समाज-सेवा के कार्यों एव सक्रिय राजनीति में रुचि लेने लगे और मद्य-निषेध के आंदोलन में अग्रणी रहे। 1876 में आक्सफोर्ड टाउन काउंसिल के सदस्य बन गए। आक्सफोर्ड विश्वविद्यालय के वे पहले आचार्य थे जो इस प्रकार के पद पर रहे। उनका स्वास्थ्य खराब रहने लगा और 1882 में उनकी मृत्यु हो गई। वे विचारवादी दर्शनशास्त्री थे। उनकी मुख्य रचनाएं हैं—*पापुलर फिलासफी इन इट्स रिलेशन टु लाइफ* (निबंध), ह्यूम की रचनाओं पर उनकी रचनाएं (1874), *प्रोलेगोमिना टु एथिक्स* (मरणोपरांत प्रकाशित)। राजनीतिक चिंतन में वे उदारतावाद के समर्थक थे किंतु अंतिम विश्लेषण में यह उदारतावाद नकारात्मक प्रतीत होता है जिसका संबंध उन न्यूनतम परिस्थितियों को उत्पन्न करने से है जिनमें लोग नैतिक वरण कर सकें और शेष बातों को लोगों के ऐच्छिक प्रयासों पर छोड़ दिया गया है।

हेगेल, जॉर्ज विल्हेल्म फ्रेडरिख (1770-1831) निस्संदेह आधुनिक पाश्चात्य दर्शनशास्त्र के महानतम विचारवादी तत्वमीमांसक हैं। उनका जन्म स्टुटगार्ट (जर्मनी) में हुआ था और 1788 में वे ट्यूबिंगन विश्वविद्यालय में प्रविष्ट हुए। उनके सहपाठियों में शेलिंग (विचारक) एवं कवि फ्रेडरिख होल्डरलिन भी थे। स्नातक होने के पश्चात् 1793 में वे बोन के एक अभिजात परिवार में गृह-शिक्षक की हैसियत से रहने लगे और 1796 में उन्होंने फ्रैंकफुर्ट में ऐसा ही एक अन्य कार्य स्वीकार कर लिया। 1800 में वे जेना चले आए जहां उनके सहपाठी शेलिंग फिख्टे के पश्चात् आचार्य हो गए थे और प्रकृति का विचारवादी दर्शन एवं तत्वमीमांसा विकसित कर रहे थे। जेना में हेगेल को ट्यूटर नियुक्त किया गया और वे शेलिंग के साथ एक दार्शनिक पत्रिका का संपादन करने लगे। 1802 में हेगेल ने अपनी प्रथम महत्वपूर्ण रचना *फेनामेनोलाजी आफ स्पिरिट* लिखी किंतु उसका प्रकाशन 1807 से पहले नहीं हो सका। 1808 में हेगेल की नियुक्ति न्यूरेम्बुर्ग के एक स्कूल में प्रधानाध्यापक के पद पर हुई जहां वे 1816 तक रहे। 1812-13 के दौरान उनकी रचना *साइंस आफ लाजिक* (खंड 1 और 2) प्रकाशित हुई। 1816 में हेगेल हाइडलबुर्ग में दर्शनशास्त्र के आचार्य हो गए। 1818 में जब बर्लिन विश्वविद्यालय में आचार्य के पद पर उनकी नियुक्ति हुई तो उन्होंने हाइडलबुर्ग में आचार्य का पद छोड़ दिया। बर्लिन में उनकी ख्याति में वृद्धि हुई। 1821 में *फिलासफी आफ राइट* प्रकाशित हुई। *इन्साइक्लोपीडिया आफ दि फिलसाफिकल साइंसेज इन आउटलाइन,* जो 1817 में छप चुकी थी, का दूसरा और बड़ा संस्करण 1827 में प्रकाशित हुआ। 1831 में हैजे की महामारी के दौरान हेगेल की मृत्यु हो गई। हेगेल

की अनेक अप्रकाशित रचनाओं को उनकी मृत्यु के बाद उनके मित्रों ने संकलित करके अट्ठारह जिल्दों (बर्लिन, 1832-1840) में प्रकाशित किया। इन ग्रंथों में *दि फिलासफी आफ फाइन आर्ट, लेक्चर्स आन फिलासफी आफ हिस्ट्री, लेक्चर्स आन फिलासफी आफ रिलिजन, दि लाइफ आफ जीसस, दि पाजिटिविटी आफ दि क्रिश्चियन रिलिजन* (1796) *और स्पिरिट आफ क्रिश्चियानिटी एंड इट्स डेस्टिनी* (1799) सम्मिलति हैं। ये सभी ग्रंथ हेगेल के जीवनकाल में ही प्रकाशित हो गए थे।

अपने जीवनकाल में हेगेल ने लोगों को बहुत प्रभावित किया और मृत्यु के पश्चात् तो और भी अधिक। उनकी द्वंद्ववादी पद्धति और यदा-कदा मूलगामी तत्वों से युक्त विचारवादी दर्शनशास्त्र ने और इतिहास, समाज और राज्य के दर्शनशास्त्र से संबंधित उनके मौलिक चिंतन ने उनके बाद के पश्चात्य दर्शनशास्त्र पर अमिट छाप छोड़ी। मार्क्स एवं किर्केगार्ड में हेगेल के दर्शनशास्त्र का दो विभिन्न दिशाओं एवं आयामों में विकास देखा जा सकता है।

होल्ट, एडविन बिसेल (1873-1946) एक महत्वपूर्ण अमरीकी मनोवैज्ञानिक एवं विचारक थे। उन्होंने हारवर्ड से स्नातक की उपाधि ली और 1901 से लेकर 1918 तक वहां अध्यापन-कार्य किया। 1926 में वे प्रिंसटन विश्वविद्यालय में सामाजिक मनोविज्ञान के अतिथि आचार्य नियुक्त हुए और 1936 में सेवानिवृत्त हो गए। वे उन छः मौलिक अमरीकी नवयथार्थवादियों में थे जिन्होंने विचारवाद और प्रतिनिधानवादी यथार्थवाद की आलोचना की। मनोविज्ञान में वे व्यवहारवादी हुए बिना भी व्यवहारवाद के निकट थे। उनकी प्रमुख रचनाएं हैं—*दि कांसेप्ट आफ कांशसनेस* (लंदन, 1914), *एसे इन दि न्यू रियलिज्म* (न्यूयार्क, 1912)। *जर्नल आफ फिलासफी* (अंक 17, 1920) में प्रकाशित उनका लेख 'प्रोफेसर हेंडरसंस फिटनेस एंड लोकस आफ कांशसनेस' सबसे अधिक पढ़ा और जाना जाता है।

जेम्स, विलियम (1842-1910) सर्वाधिक प्रसिद्ध अमरीकी मनोवैज्ञानिकों एवं विचारकों में एक हैं। उनका जन्म न्यूयार्क में हुआ था और वे मेरी राबर्टसन वाल्श जेम्स और हेनरी जेम्स (वरिष्ठ) के पुत्र थे। हेनरी जेम्स स्वीडन में जन्मे विलक्षण धर्मशास्त्री थे। जेम्स के दादा कैल्विनवादी आयरिश थे जो 1798 में अमरीका में आ बसे थे और उन्होंने बहुत धन अर्जित किया था। जेम्स का बाल्यकाल बहुत सुखी था। उनके पिता एक उत्साही और विद्वान व्यक्ति थे जिनकी गैर-परंपरावादी धार्मिक आस्थाएं थीं और ओ.डब्ल्यू. होम्स (वरिष्ठ) एवं आर.डब्ल्यू. इमर्सन जैसे साहित्यिक लोगों से जिनका मिलना-जुलना था। ऐसे उदारवादी पिता ने अपनी प्रत्येक संतान को अपने ही ढंग से विकसित होने का अवसर दिया। इससे जेम्स को बौद्धिक प्रोत्साहन मिला। आरंभिक शिक्षा उन्होंने अपने पिता से प्राप्त की और उनकी औपचारिक शिक्षा इंग्लैंड, फ्रांस,

स्विट्जरलैंड और जर्मनी की निजी संस्थाओं में हुई। प्राकृतिक विज्ञानों एवं चित्रकला में जेम्स की विशेष रुचि थी। 1861 में जेम्स ने हारवर्ड के लारेंस साइंटिफिक स्कूल में प्रवेश लिया और रसायन-विज्ञान, शरीरक्रिया-विज्ञान एवं शरीररचना-विज्ञान का अध्ययन किया। तत्पश्चात् उन्होंने चिकित्साशास्त्र का अध्ययन किया और 1869 में इस विषय में उपाधि प्राप्त की। हारवर्ड में उन्होंने 1873 से शरीररचना-विज्ञान एवं शरीरक्रिया-विज्ञान, 1875 से मनोविज्ञान और 1879 से दर्शनशास्त्र का अध्यापन किया। 1878 में उन्होंने एलिस होवे गिबंस से विवाह किया। इस विवाह से उन पर अच्छा मनोवैज्ञानिक प्रभाव पड़ा और उनके स्वास्थ्य में सुधार हुआ।

वे शैक्षिक रूप से बहुत सक्रिय थे और उनकी अनेक रचनाएं प्रकाशित हुईं। उनके मित्र और परिचित उनके तेजस्वी व्यक्तित्व, चारित्रिक बल, उदारता एवं सहानुभूतिपूर्ण व्यवहार से बहुत प्रभावित रहते थे। सामान्य लोगों एवं सामान्य बोध के प्रति उनके मन में बड़ा आदर-भाव था और धार्मिक आस्थाओं के मामले में वे पूर्णतः गैर-पारंपरिक थे। वे सबको बहुत प्रिय थे और अमरीकी दर्शनशास्त्र एवं मनोविज्ञान के क्षेत्र में वे किंवदंती-पुरुष बन गए थे। उनकी प्रमुख रचनाएं हैं—*प्रिंसिपुल्स आफ साइकोलाजी* (2 खंड, न्यूयार्क 1890), *दि वेरायटीज आफ रिलिजस एक्सपीरियंस : ए स्टडी इन ह्यूमन नेचर* (न्यूयार्क, 1902), *प्रैग्मेटिज्म : ए न्यू नेम फार सम ओल्ड वेज आफ थिंकिंग* (न्यूयार्क, 1907), *दि मीनिंग आफ ट्रुथ : ए सेक्वेल टु प्रैग्मेटिज्म* (न्यूयार्क, 1909), *ए प्ल्युरलिस्टिक यूनिवर्स* (न्यूयार्क, 1909), *सम प्राब्लम्स आफ फिलासफी* (न्यूयार्क, 1911), *एसेज इन रैडिकल इम्पीरिसिज्म* (न्यूयार्क, 1912), *मेमरीज एंड स्टडीज* (न्यूयार्क, 1912), *कलेक्टेड एसेज एंड रिव्यूज* (न्यूयार्क, 1920) और *लेटर्स* (बोस्टन, 1920)।

कार्ल मार्क्स (1818-1883) एक क्रांतिकारी जर्मन दर्शनशास्त्री हैं जिन्होंने द्वंद्वात्मक भौतिकवाद और वैज्ञानिक समाजवाद के अपने सिद्धांत से दुनिया को हिला दिया। उनका जन्म रीनलैंड में त्रिएर में हुआ था। उनका परिवार यहूदी मूल का था, पर बाद में उसने लूथरमत अपना लिया। उस समय मार्क्स छः वर्ष के थे। उन्होंने बोन में विधि (कानून) का तथा बर्लिन में दर्शनशास्त्र एवं इतिहास का अध्ययन किया। मार्क्स का कहना था कि हेगेलीय दर्शनशास्त्र का बर्लिन में "रहन-सहन पर जबर्दस्त प्रभाव था।" एपिक्यूरस और डेमोक्राइटस पर अपने शोध-निबंध के लिए मार्क्स को 1841 में जेना विश्वविद्यालय में डाक्टरेट की उपाधि के लिए प्रवेश मिल गया। मार्क्स 'वामपंथी हेगेलवादियों' में सर्वप्रमुख और कट्टर नास्तिक थे। उनका हमेशा यह मत रहा कि "धर्म की आलोचना हर प्रकार की आलोचना की बुनियाद है।" उनके नास्तिक एवं वामपंथी होने के कारण प्रशिया की आर्थोडाक्स सरकार के काल में उनका शैक्षिक जीवन, चाहे वे कितने ही मेधावी रहे हों, असंभव हो गया। अतः उन्होंने कोलोन में एक उदार

व्यवसायी के समाचारपत्र *न्यू राइनीश जाइतुंग* के संपादक के रूप में अपना जीवन आरंभ किया। सो, इस समाचारपत्र का बंद हो जाना स्वाभाविक था (यह घटना 1843 की है), किंतु मार्क्स ने प्रशिया की निरंकुशता के विरुद्ध लड़ाई जारी रखने का निश्चय किया। यह काम उन्हें पेरिस से निर्वासित के रूप में करना था। पेरिस में वे फ्रेडरिक एंगेल्स से मिले और उनसे मित्रता कर ली, और इस मित्रता ने चिंतन एवं कर्म की दुनिया में एक इतिहास बनाया। पेरिस में ही मार्क्स ने अपनी प्रसिद्ध पुस्तक *इकानामिक एंड फिलासाफिकल मैनस्क्रिप्ट्स आफ 1844* लिखी। यह कृति उनकी बाद की रचनाओं से अधिक तत्वमीमांसीय थी जिसमें मानव समाज और व्यक्ति का एक अद्भुत एवं मौलिक विचार प्रस्तुत किया गया था। इस पुस्तक के तीन महत्वपूर्ण भाग हैं : फ्रांसीसी समाजवाद, ब्रिटिश अर्थशास्त्र और जर्मन दर्शनशास्त्र (वामपंथियों का हेगेलवाद, जिसे फायरबाख और मार्क्स ने विकसित किया)।

पेरिस में मार्क्स बहुत दिनों तक नहीं रह सके। 1848 में उन्हें फ्रांस से निर्वासित कर दिया गया और तब उन्होंने ब्रुसेल्स में शरण ली। उन्होंने अर्थशास्त्र का अपना अध्ययन जारी रखा और पहली बार मजदूर-आंदोलन के संपर्क में आए। सिद्धांतों के वक्तव्य का मसविदा तैयार करने के लिए एक मजदूर लीग के अनुरोध पर मार्क्स और एंगेल्स ने 1848 में प्रसिद्ध *कम्युनिस्ट मैनीफेस्टो* लिखा। देखने में यह पुस्तक बहुत छोटी है लेकिन प्रभाव में बहुत बड़ी है। यह पूंजीवाद का विश्लेषण है, 'मिथ्या' समाजवाद की आलोचना है, वास्तविक समाजवाद के समारंभ की तैयारी के रूप में इतिहास की व्याख्या है और सबसे बढ़कर क्रांतिकारी कार्रवाई के हेतु मजदूर वर्ग के लिए शंखनाद है। इसका प्रायः तत्काल असर हुआ और 1848 की क्रांति के दौरान मार्क्स को ब्रुसेल्स से निकाल दिया गया। फिर वे पेरिस गए और उसके बाद कोलोन। कोलोन में उन्होंने पूर्वोल्लिखित *न्यू राइनीश जेइतुंग* का संपादन आरंभ किया। इस समय वहां संसदीय लोकतंत्र का प्रयोग किया गया जो निष्फल रहा तथा मार्क्स को गिरफ्तार करके उन पर राजद्रोह के अभियोग में मुकदमा चलाया गया। बहरहाल, उन्हें बरी कर दिया गया लेकिन 1849 में देश से निर्वासित कर दिया गया।

वे लंदन चले गए और घोर आर्थिक तंगहाली में जिंदगी के लिए संघर्ष करते हुए अपना शेष जीवन वहीं बताया। कुछ समय तक उन्होंने होरेस ग्रीले के न्यूयार्क *ट्रिब्यून* का संपादन किया, किंतु उन्हें स्थायी काम नहीं मिला। भले ही उन्होंने गरीबी का जीवन जिया लेकिन अपना मान-सम्मान कभी नहीं छोड़ा। वे लंबे समय तक बीमार रहे और अपने तीन-तीन बच्चों की मृत्यु के रूप में उन पर दुखों का पहाड़ टूट पड़ा। उन बच्चों की मृत्यु इस कारण हुई कि उन्हें उचित पौष्टिक आहार और उपचार नसीब नहीं हुआ। आश्चर्य है कि अगर उनके पक्के मित्र एफ. एंगेल्स उनकी बराबर आर्थिक सहायता न करते तो इतने समय तक वे कैसे जिंदा रहते। मार्क्स के जीवनकाल का अत्यधिक उल्लेखनीय राजनीतिक कार्यकलाप था 1864 में गठित अंतर्राष्ट्रीय मजदूर एसोसिएशन

('प्रथम इंटरनेशनल') पर उनका प्रभुत्व। अन्यथा मार्क्स ब्रिटिश म्यूजियम में अध्ययन में तथा अपनी सुप्रसिद्ध पुस्तक *दास कैपिटल* के लिए सामग्री एकत्र करने में बहुत व्यस्त रहे। मार्क्स अपने जीवनकाल में इस पुस्तक का केवल प्रथम खंड (हैम्बर्ग, 1867 में) प्रकाशित कर सके। एंगेल्स ने मार्क्स के नोटों और अन्य टिप्पणियों को इकट्ठा करके शेष दोनों खंड पूरे किए। मार्क्स की मृत्यु 1893 में हुई। मार्क्स के अपने ही शब्दों में कहें तो वे अपनी मृत्यु के समय "अपने जीवनकाल के सर्वाधिक घृणास्पद और अत्यधिक निंदित व्यक्ति" थे।

कार्ल मार्क्स ने स्वयं और एंगेल्स के साथ मिलकर बड़ी संख्या में पुस्तकें और लेख लिखे। यहां इनमें से सुप्रसिद्ध पुस्तकों का उल्लेख किया जा रहा है। उपर्युक्त तीन पुस्तकों के अतिरिक्त मार्क्स की कृतियां हैं : *पावर्टी आफ फिलासफी* (1847), *थिसेस आन फायरबाख, दि एटींथ ब्रूमायर आफ लुई बोनापार्ट, दि ब्रिटिश रूल इन इंडिया, ए कंट्रीब्यूशन टु दि क्रिटीक आफ पोलिटिकल इकानामी* (1859)। पूर्वोल्लिखित *होली फैमिली, दि जर्मन आइडियोलाजी* और *कम्युनिस्ट मैनीफेस्टो* भी मार्क्स और एंगेल्स की संयुक्त रचनाएं हैं।

मार्क्स और एंगेल्स के दर्शनशास्त्र ने मनुष्यों की चिंतन-कर्म-शक्ति में एक नया आयाम जोड़ा और प्रमाणित कर दिया कि अगर दर्शनशास्त्र को समुचित रूप से व्यावहारिक रूप दिया जाए तो वह मनुष्य को वियोजनहीन और स्वतंत्र बना सकता है तथा मनुष्य को पूर्ण मनुष्य बनकर अपनी समस्त क्षमताओं को वास्तविक रूप देते हुए अपने स्व को पुनः प्राप्त करने में मदद दे सकता है।

मैकटेगर्ट, जॉन मैकटेगर्ट एलिस (1866-1925) का जन्म लंदन में हुआ था। वे कैरोलीन एलिस और फ्रांसिस एलिस के पुत्र थे। उनकी आरंभिक शिक्षा क्लिफ्टन में हुई और उच्च शिक्षा ट्रिनिटी कालेज, कैंब्रिज में। 1888 में ट्रिनिटी से उन्होंने प्रथम श्रेणी में नीतिशास्त्र में उपाधि प्राप्त की। 1891 में वे ट्रिनिटी कालेज में ही अध्येता हो गए। 1899 में उन्होंने मार्गरेट एलिजाबेथ बर्ड से विवाह किया। वे अपने कालेज एवं विश्वविद्यालय की गतिविधियों में सक्रिय भाग लेते थे और सफल अध्यापक थे। 1923 में सेवानिवृत्त हुए और 1925 में अचानक ही उनकी मृत्यु हो गई। उन्होंने हेगेलीय दर्शनशास्त्र का नितांत निजी रूप प्रस्तुत किया। विचारवादी होते हुए भी वे एक सर्वोच्च सत्ता अर्थात् ईश्वर में विश्वास नहीं करते थे। उनकी प्रमुख रचनाएं हैं : *स्टडीज इन दि हेगेलियन डायलेक्टिक,* (कैंब्रिज, 1896), *स्टडीज इन हेगेलियन कास्मोलाजी* (कैंब्रिज, 1901), *सम डोग्माज आफ रिलिजन* (लंदन, 1906), *ए कमेंटरी आन हेगेल्स लाजिक* (कैंब्रिज, 1910), *दि नेचर आफ एक्जिस्टेंस* (दो खंडों में, प्रथम खंड, कैंब्रिज, 1921 और द्वितीय खंड, कैंब्रिज, 1927; सी.डी. ब्राड द्वारा संपादित) और एस.बी. फीलिंग (लंदन, 1934) द्वारा संपादित *फिलासाफिकल एसेज* में प्रकाशित निबंध।

मांटेग्यू, विलियम पेपेरल (1873-1953) अमरीकी यथार्थवादी विचारक थे जिनकी शिक्षा हारवर्ड में हुई। यहां से उन्होंने 1896 में बी.ए., 1897 में एम.ए. और 1898 में पी.एच.डी. की उपाधियां प्राप्त कीं। कुछ समय के लिए उन्होंने रेडक्लिफ, हारवर्ड और कैलिफोर्निया विश्वविद्यालयों में अध्यापन किया। 1903 में वे बरनार्ड आ गए और 1907 से लेकर 1910 तक कोलंबिया विश्वविद्यालय के दर्शनशास्त्र के स्नातक विभाग में सहायक आचार्य एवं संकाय-सदस्य रहे। 1910 में वे सहआचार्य हुए। 1920 से 1941 तक वे दर्शनशास्त्र के आचार्य रहे। 1928 में वे जापान, चेकोस्लोवाकिया और इटली में कार्नेगी अतिथि-आचार्य रहे। उन्होंने दर्शनशास्त्र की अंतर्राष्ट्रीय कांग्रेस में अनेक शिष्टमंडलों की अध्यक्षता की।

मांटेग्यू सच्ची चिंतनशील एवं साहसिक बुद्धि के व्यक्ति थे जो न केवल दार्शनिक क्षेत्र का अपितु काल-प्रत्यक्ष, गणित, सापेक्षता के सिद्धांत और क्वांटम यांत्रिकी जैसे क्षेत्रों का भी अन्वेषण करते थे। उनके प्रमुख प्रकाशन हैं—'ए प्ली फार सोल-सबस्टैंस' नाम का लेख जो *साइकोलाजिकल रिव्यू* (खंड 6, अंक 5) में प्रकाशित हुआ था, *फिलासाफिकल रिव्यू* (खंड 11, 1902) में प्रकाशित लेख 'प्रोफेसर रायसेस रेफ्यूटेशन आफ आइडियलिज्म', होल्ट एवं अन्य के *दि न्यू रियलिज्म* में प्रकाशित 'ए रियलिस्टिक थियरी आफ ट्रुथ एंड एरर', *दि वेज आफ नोइंग ऑर दि मेथड्स आफ फिलासफी* (न्यूयार्क, 1925), *बिलीफ अनबाउंड : ए प्रोमिथियन रिलिजन फार दि माडर्न वर्ल्ड* (न्यू हैवन, 1930), *दे वेज आफ थिंग्स, ए फिलासफी आफ नालेज, नेचर एंड वैल्यू* (न्यूयार्क) और अनेक दार्शनिक निबंध।

मूर, जॉर्ज एडवर्ड (1873-1959) का जन्म लंदन के उपनगर अपर नारवुड में एक संपन्न परिवार में हुआ था। डी. मूर, एम.डी., उनके पिता थे और हेनरिटा स्टर्ज मूर उनकी माता थीं। मूर की शिक्षा डलविच कालेज एवं ट्रिनिटी कालेज, कैंब्रिज में हुई। 1896 में उन्होंने नीतिशास्त्र का पाठ्यक्रम पूरा किया और 1898 में अध्येतावृत्ति के लिए चुने गए। यह वृत्ति उन्हें कांट के नीतिशास्त्र पर शोधप्रबंध लिखने पर मिली थी। यह वृत्ति 1896 से 1904 तक की छः वर्ष की अवधि के लिए थी जिसके समाप्त हो जाने पर उन्होंने कैंब्रिज छोड़ दिया और निजी रूप से शैक्षिक कार्य करते रहे। उन्होंने लेख, परचे, समीक्षाएं और एक छोटी-सी पुस्तक *एथिक्स* लिखी और रिचमंड में व्याख्यानों की एक शृंखला दी। 1911 में उन्हें कैंब्रिज में व्याख्याता के रूप में आमंत्रित किया गया और इस पद पर वे 1925 में जेम्स वार्ड के पश्चात् मानसिक दर्शनशास्त्र एवं तर्कशास्त्र के आचार्य नियुक्त होने तक रहे। 1911 से 1939 तक वे नियमित रूप से अध्यापन-कार्य करते रहे। 1939 में वे सेवानिवृत्त हो गए। उनके अध्यापन में वैशिष्ट्य था और अध्यापक के रूप में उन्हें बड़ी ख्याति मिली। लोग उनका बड़ा आदर करते थे और उनके जीवनकाल में ही कैंब्रिज में उनके किस्से चलने लगे थे। वे परिष्कृत

रुचि, खुले दिमाग और सहानुभूतिपूर्ण व्यवहारवाले व्यक्ति थे। ईश्वर और धर्म के प्रति उनका दृष्टिकोण आजीवन नास्तिवादी रहा। उनकी मृत्यु 85 वर्ष की अवस्था में हुई और वे अपने पीछे पत्नी डोरोथी (जिनसे उनका विवाह 1916 में हुआ था) और दो पुत्र छोड़ गए। उनकी प्रमुख रचनाएं हैं—*प्रिंसिपिया एथिका* (कैंब्रिज, 1903), *एथिक्स* (लंदन और न्यूयार्क, 1912), *फिलासाफिकल स्टडीज* (लंदन और न्यूयार्क, 1922) (इस ग्रंथ में उनका प्रसिद्ध आलेख 'दि रेफ्युटेशन आफ आइडियलिज्म' सम्मिलित है), *दि फिलासफी आफ जी.ई. मूर* (सं. : पी.ए. शिल्प, शिकागो, 1942) (इसमें मूर का 'ए रिप्लाइ टु माइ क्रिटिक्स' और अन्य आलेख सम्मिलित हैं), *फिलासाफिकल पेपर्स* (लंदन और न्यूयार्क, 1959) तथा *दि कामनप्लेस बुक्स* (एडिनबर्ग, 1982)।

पियर्स, चार्ल्स सांडर्स (1839-1914) अमरीकी विचारक, भौतिकशास्त्री एवं गणितज्ञ थे। उनका जन्म कैंब्रिज, (मेसाचुसेट्स, संयुक्त राज्य अमरीका) में हुआ था। वे व्यावहारिकतावाद के प्रवर्तकों में थे। उनके पिता बेंजामिन पियर्स हारवर्ड के विख्यात आचार्य और अपने समय के अग्रणी गणितज्ञ थे। वे अपने पुत्र को वैज्ञानिक बनाना चाहते थे। युवा पियर्स ने हारवर्ड में अध्ययन किया। 1859 में उन्होंने रसायनशास्त्र में विशेष योग्यता के साथ स्नातक परीक्षा उत्तीर्ण की। निजी रूप से अध्ययन करते हुए उन्होंने खगोलशास्त्र, दर्शनशास्त्र एंव तर्कशास्त्र में भी पारंगति प्राप्त की। नवगठित जॉन्स हॉपकिंस विश्वविद्यालय (बाल्टीमोर, मेरीलैंड) में 1879 में वे तर्कशास्त्र के व्याख्याता नियुक्त हुए और 1884 तक वहां रहे। 1887 में विरासत में संपत्ति मिलने पर वे सेवानिवृत्त होकर मिलफोर्ड में रहने लगे। वहीं उनकी मृत्यु हुई। उनकी प्रमुख रचनाएं हैं—*दि कलेक्टेड पेपर्स आफ सी.एस. पायर्स* (6 खंडों में, 1931-35)। पायर्स की सभी मूल रचनाएं इन ग्रंथों में सम्मिलित हैं। *सी.एस. पायर्सेस लेटर्स टु लेडी वेल्बी* (न्यू हैवन, 1903) में संकेत-सिद्धांत पर पियर्स का सर्वोत्तम लेखन मिलता है।

रॉयस, जोसाया (1855-1916) अमरीकी विचारवादी विचारक थे जिन पर कांट और हेगेल का गहरा प्रभाव था। उनका जन्म ग्रास वैली (कैलिफोर्निया) में हुआ था। उनकी शिक्षा कैलिफोर्निया विश्वविद्यालय में हुई जहां से 1875 में उन्होंने ए.बी. की उपाधि प्राप्त की। पी-एच.डी. की उपाधि उन्होंने जॉन्स हॉपकिंस विश्वविद्यालय से प्राप्त की। जर्मनी में लाइप्जिग एवं गोटिंगेन में भी उन्होंने अध्ययन किया। उन्होंने हारवर्ड में अध्यापन कार्य किया। उन्हें हारवर्ड लाने का श्रेय विलयम जेम्स को है। वे जॉर्ज सांतयाना के शोधप्रबंध के निर्देशक थे जो बाद में समालोचनात्मक यथार्थवादी के रूप में प्रसिद्ध हुए। उन्होंने स्काटलैंड के एबर्डीन विश्वविद्यालय में गिफर्ड व्याख्यान दिए। वे कलम के धनी थे और वक्ता के रूप में उनकी बड़ी मांग रहती थी। उनके रचनाएं हैं—*रॉयस आन दि ह्यूमन सेल्फ* (क्रैंबिज, पांडुलिपियों में, 1954), *दि रिलिजस*

आस्पेक्ट आफ फिलासफी (बोस्टन, 1885) में प्रकाशित 'दि पासिबिलिटी आफ एरर', *दि वर्ल्ड एंड दि इनडिविजुअल* (न्यूयार्क, 1901-2), *फिलासफी आफ लायल्टी* (न्यूयार्क, 1908), *दि प्राबलम्स आफ क्रिश्चियानिटी* (न्यूयार्क, 1913)।

रसल, बर्ट्रेंड आर्थर विलियम (1872-1970) निस्संदेह समकालीन पाश्चात्य दर्शनशास्त्र के सर्वाधिक प्रसिद्ध, बहुरंगी, विवादास्पद, सार्वजनिक भावना से प्रेरित और बेबाक किंतु आक्रामक रूप से ईमानदार अंग्रेज दर्शनशास्त्री हैं। उनका जन्म वेल्स के ट्रेलेक में सन् 1872 में हुआ था। वे लार्ड जॉन रसल के पोते थे जिन्होंने 1832 में रिफार्म बिल प्रस्तुत किया था और जो बाद में दो बार महारानी विक्टोरिया के प्रधानमंत्री रहे। जॉन स्टुअर्ट मिल जो युवा रसल के माता-पिता के मित्र थे, उनके बौद्धिक धर्मपिता रहे। उनकी आरंभिक शिक्षा घर पर ही हुई और अक्तूबर 1890 में वे कैंब्रिज में प्रविष्ट हुए जहां उन्होंने ट्रिनिटी कालेज में 1890 से 1894 तक गणित और तर्कशास्त्र का अध्ययन किया। वे 1895 से 1901 तक ट्रिनिटी कालेज में अध्येता रहे और 1910 से 1916 तक व्याख्याता रहे। 1916 में उन्हें उनकी शांतिवादी गतिविधियों के लिए कालेज से निकला दिया गया। रसल की सबसे महत्वपूर्ण रचनाएं 1900 और 1916 के बीच लिखी गईं। 1916 में प्रथम विश्वयुद्ध छिड़ गया। तब से 1930 तक शांतिवादी एवं विश्व-नागरिक के रूप में रसल ने सामाजिक समस्याओं पर प्रचुर मात्रा में लिखा। रसल ने तीन बार संसदीय चुनाव लड़े (हर बार पराजित हुए) और 1922 एवं 1923 में लेबर पार्टी के उम्मीदवार के रूप में चेल्सी से खड़े हुए। वे दो बार जेल गए—एक बार 1918 में छः माह के लिए एक शांतिवादी पत्रिका में तथाकथित देशद्रोहपूर्ण लेख लिखने के कारण और दूसरी बार 1961 में 89 वर्ष की अवस्था में एक सप्ताह के लिए क्योंकि वे आणविक निःशस्त्रीकरण के अभियान से संबद्ध थे। अपने जीवनकाल में उन्हें अनेक सम्मान भी मिले। 1950 में उन्हें साहित्य के नोबल पुरस्कार से सम्मानित किया गया। पुरस्कार समिति का वक्तव्य था : "....विवेक और मानवता का हमारे समय का सबसे प्रतिभाशाली प्रवक्ता और पाश्चात्य जगत में स्वतंत्र अभिव्यक्ति और स्वतंत्र विचार का एक निर्भिक रक्षक।" रसल ने चार बार विवाह किया और उनके तीन संतानें थीं। 1931 में भाई की मृत्यु हो जाने पर वे तृतीय अर्ल रसल बने।

रसल बहुमुखी प्रतिभा के धनी थे और उन्हें अनेक विषयों में प्रवीणता प्राप्त थी। उन्होंने बहुत लिखा और उनकी लेखन-शैली ललित थी। उनकी मुख्य रचनाएं हैं—*प्रिंसिपुल्स आफ मैथमेटिक्स* (क्रैंबिज, 1903), *प्राबलम्स आफ फिलासफी* (न्यूयार्क, 1912), *अवर नालेज आफ दि एक्सटर्नल वर्ल्ड* (1914), *मिस्टिसिज्म एंड लाजिक* (लंदन, 1918), *दि एनालिसिस आफ माइंड* (न्यूयार्क, 1921) *दि एनालिसिस आफ मैटर* (1927), *प्रिंसिपिया मैथमेटिका* (तीन खंड, ए.एन. व्हाइटहेड के सहयोग से, 1910-13), *ऐन इन्क्वायरी इनटू मीनिंग एंड ट्रुथ* (न्यूयार्क, 1940), *ह्यूमन नालेज,*

इट्स स्कोप एंड लिमिट्स (न्यूयार्क, 1948), *व्हाइ आइ ऐम नाट ए क्रिश्चियन, ए हिस्ट्री आफ वेस्टर्न फिलासफी* (लंदन और न्यूयार्क, 1946), *प्रिंसिपुल्स आफ सोशल रिकंस्ट्रक्शन* (लंदन, 1916), *रोड्स टु फ्रीडम : सोशलिज्म, एनार्किज्म, सिंडीकेलिज्म* (लंदन, 1918), *दि प्राब्लम्स आफ चाइना* (न्यूयार्क, 1922) *पावर : ए न्यू सोशल एनालिसिस* (लंदन, 1949), *न्यू होप्स फार ए चेंजिंग वर्ल्ड* (लंदन और न्यूयार्क, 1951), *स्केप्टिकल एसेज* (1950), *बरट्रेंड रसल स्पीक्स हिज माइंड* (1960) और *मेमोयर्स* ।

सांतयाना, जॉर्ज (1863-1952) का जन्म मेड्रिड में हुआ था । वे कुछ ही वर्ष के थे कि उनके माता-पिता अलग हो गए । आठ वर्ष की अवस्था तक पिता के साथ रहने के बाद वे बोस्टन में अपनी माता के पास आ गए । उनकी शिक्षा बोस्टन लैटिन स्कूल और हारवर्ड कालेज में हुई जहां से 1886 में उन्होंने स्नातक की परीक्षा उत्तीर्ण की । दो वर्षों के लिए वे जर्मनी चले गए और फिर रूडोल्फ लोट्से पर डाक्टरेट करके हारवर्ड लौट आए । तत्पश्चात् वे हारवर्ड के दर्शनशास्त्र विभाग में अध्यापन करने लगे । हारवर्ड में वे 1912 तक अध्यापन करते रहे और फिर एक विरासत प्राप्त होने पर सेवानिवृत्त हो गए । अनेक वर्षों तक वे इंग्लैंड में रहे, फिर पेरिस में और अंत में रोम में बस गए । उनके आरंभिक निजी जीवन और दार्शनिक विकास पर निश्चित रूप से इस बात का प्रभाव पड़ा कि वे स्पेनी कैथोलिक थे और ऐसे समाज में रह रहे थे जो प्रधानतः प्रोटेस्टेंट था । स्पेनी और लातीनी संस्कृति एवं कैथोलिक धर्म के प्रति उनकी निष्ठा ने उनमें आधुनिक औद्योगिक समाज की व्यावसायिक एवं लोकतांत्रिक संस्कृति के प्रति घृणा और एक नितांत भिन्न जीवन-शैली की आकांक्षा उत्पन्न की जो प्राचीन यूनानियों और हिंदुओं तथा आधुनिक युग में स्पिनोजा की जीवन-शैली जैसी होती । वे एक गंभीर विद्वान थे और मिथ्या प्रदर्शन से उन्हें अत्यंत घृणा थी । उनकी मुख्य रचनाएं हैं—*दि सेंस आफ ब्यूटी* (न्यूयार्क, 1896), *दि लाइफ आफ रीजन ऑर दि फेजेज आफ ह्यूमन प्रोग्रेस* (5 खंड, न्यूयार्क, 1905-6), *स्केप्टिसिज्म एडं एनिमल फेथ* (न्यूयार्क, 1923), *रेल्म्स आफ बीइंग* (4 खंड, न्यूयार्क, 1927-1940), *डोमिनेशंस एंड पावर* (न्यूयार्क, 1949) ।

शिलर, फर्डीनांड कैनिंग स्कॉट (1864-1937) अंग्रेज व्यावहारिकतावादी दार्शनिक थे । उनका जन्म श्लेविग-होल्सटाइन में हुआ था और शिक्षा रग्बी स्कूल एवं बैलियाल कालेज, आक्सफोर्ड में । आक्सफोर्ड से एम.ए. की उपाधि लेने के पश्चात् वे कारनेल विश्वविद्यालय चले गए और वहां अनुदेशक एवं स्नातकोत्तर विद्यार्थी हो गए । डाक्टरेट की उपाधि प्राप्त किए बिना ही वे क्राइस्टचर्च, आक्सफोर्ड लौट आए जहां वे क्रमशः सहायक अनुशिक्षक, अनुशिक्षक, वरिष्ठ अनुशिक्षक और अध्येता रहे । 1906 में उन्होंने आक्सफोर्ड से डी.एस-सी. की उपाधि प्राप्त की । उन्होंने 'माइंड एसोसिएशन' के

कोषाध्यक्ष और 'एरिस्टॉटिलियन सोसाइटी' के अध्यक्ष के रूप में कार्य किया और 1925 में वे ब्रिटिश अकादमी के अध्येता चुने गए। अपनी वृत्ति के अंतिम दिनों में वे सदर्न कैलिफोर्निया विश्वविद्यालय में दर्शनशास्त्र के आचार्य पद पर रहे। उन्होंने बहुत लिखा, उनकी शैली जीवंत थी और वे बड़े विवादकुशल लेखक थे। उनकी प्रमुख रचनाएं हैं—*ह्यूमनिज्म : फिलासाफिकल एसेज* (लंदन और न्यूयार्क, 1907), *स्टडीज इन ह्यूमनिज्म* (1907), *मस्ट फिलासफर्स डिसएग्री ?* (1934), *अवर ह्यूमन ट्रुथ्स* (1939), *फार्मल लाजिक : ए साइंटिफिक एंड सोशल प्राब्लम* (1912) और *लाजिक फार यूज : ऐन इंट्रोडक्शन टु दि वालंटरिस्ट थियरी आफ नालेज* (1929)।